Christoph Butterwegge

Rechtsextremismus

HERDER spektrum

Band 5229

Das Buch

Seit Beginn der 1990er-Jahre wird die deutsche Öffentlichkeit immer wieder durch rechtsextremistisch motivierte Gewalttaten aufgeschreckt. Die Serie von Brandanschlägen und rassistischen Übergriffen bis hin zum Mord an Menschen, die von den Tätern als „Fremde“ wahrgenommen werden, reißt nicht ab.
Wo liegen die Ursachen rechtsextremistischer Gewalt, was sind ihre Erscheinungsformen?
Das vorliegende Buch gibt einen Überblick über den Rechtsextremismus, und es macht Vorschläge, wie man antidemokratischen Kräften wirksamer begegnen kann. Die geistigen Grundlagen des Rechtsextremismus werden analysiert, Parteien wie REPublikaner, DVU und NPD, aber auch verbotene Organisationen und Gruppenzusammenhänge der Neonazis sowie rassistisch bzw. antisemitisch motivierte Straftaten beschrieben.
Das Erkennen und Benennen der Faktoren, die für die Erfolge des Rechtsextremismus (mit)verantwortlich sind, ist von entscheidender Bedeutung für die Entwicklung schlüssiger Gegenstrategien. Rechtsextremismus lässt sich nicht dadurch „wegerklären“, dass man ihn zum Kennzeichen sozialer Randgruppen macht; er wurzelt vielmehr in der Mitte der Gesellschaft. Und er hat etwas zu tun mit Globalisierung, der Debatte um den „Standort Deutschland“ und der Verknappung gesellschaftlicher Verteilungsspielräume.
Es handelt sich um eine umfassende, aber dennoch überschaubare Einführung ins Thema, die sozialwissenschaftliche Analyse mit Gegenstrategien aus dem Bereich der Politik wie der (Sozial-)Pädagogik verbindet.

Der Autor

Prof. Dr. Christoph Butterwegge, geb. 1951, leitet die Abteilung für Politikwissenschaft und ist Mitglied der Forschungsstelle für interkulturelle Studien an der Universität zu Köln.

Christoph Butterwegge
unter Mitarbeit von Lüder Meier

Rechtsextremismus

HERDER

FREIBURG · BASEL · WIEN

Gedruckt auf umweltfreundlichem,
chlorfrei gebleichtem Papier

Originalausgabe

www.herder.de
Satzgestaltung: DTP-Studio Helmut Quilitz, Denzlingen
Druck und Bindung: fgb · freiburger graphische betriebe 2002
www.fgb.de
Umschlaggestaltung und Konzeption:
R·M·E München / Roland Eschlbeck, Liana Tuchel
Umschlagmotiv: © Pictor
ISBN 3-451-05229-6

Inhalt

Einleitung

Trotz zahlreicher Publikationen, die sich mit dem Rechtsextremismus beschäftigen, fehlt nach wie vor eine allgemein verständliche Darstellung auf hohem fachlichem Niveau. Weiterhin existiert eine Kluft zwischen divergierenden, wenn nicht gar konträren Einschätzungen des Problems selbst bei demokratischen Parteien, Strafverfolgungsbehörden, Sozialwissenschaften und Medien sowie ihrer Übersetzung in Erfolg versprechende Gegenstrategien. Das vorliegende Buch will nicht nur eine Übersicht zum Rechtsextremismus geben, sondern mit Blick auf den in diesem Zusammenhang unterschätzten Prozess der Globalisierung auch Vorschläge machen, wie antidemokratischen Kräften wirksamer begegnet werden kann.

Das komplexe Phänomen des Rechtsextremismus lässt sich nach Ideologien, Organisationen und Gewalttaten unterteilen. Einführungstexte legen das Schwergewicht meist auf den *organisierten* Rechtsextremismus und vernachlässigen seine *ideologischen* Grundlagen als da sind: Rassismus, Nationalismus, Biologismus, Sozialdarwinismus, Sexismus, Autoritarismus und Militarismus. Oft werden auch jene Strukturen ausgeblendet, die deren Umsetzung in Politik bzw. politische Gewalt ermöglichen. Hier sollen die geistigen Grundlagen des Rechtsextremismus kritisch analysiert, seine wichtigsten Parteien (REPublikaner, DVU und NPD), aber auch zum Teil verbotene Neonazi-Organisationen und rassistisch bzw. antisemitisch motivierte Straftaten berücksichtigt werden.

Vor dem Hintergrund spektakulärer (Wahl-)Erfolge ultrarechter Parteien und zahlreicher Gewalttaten gegen Ausländer im Gefolge der Wiedervereinigung gelangte die Rechtsextremismusforschung zu widersprüchlichen Aussagen darüber, wie ihr Gegenstand entsteht, welche Faktoren ihn attraktiv machen und wie man ihn am effektivsten bekämpft. Dabei reicht das Spektrum der Bewertung von der Einschätzung, es handle sich um einen absoluten Gegenentwurf zur demokratisch verfassten Gesellschaft bis zu der Hypothese, dass Rechtsextremismus nach 1945 integraler Bestandteil der politischen Kultur mit einer nicht zu unterschätzenden sozialen Funktion gewesen sei. Eine Aufgabe besteht mithin darin, zu klären, wie der aktuelle Rechtsextremismus im Spannungsfeld zwischen seiner Vergangenheitsfixierung und „modernen" Argumentationsmustern angemessen zu charakterisieren ist.

Die mittlerweile fast zum Allgemeinplatz gewordene Feststellung, dass Rechtsextremismus kein Identitätsmerkmal sozialer Randgruppen darstellt, vielmehr „inmitten der Gesellschaft" selbst wurzelt, hat die Auseinandersetzung darüber nicht eben überschaubarer, sondern eher beliebiger gemacht. Hieraus resultiert ein wachsender Erklärungsbedarf, welche ökonomischen, politischen und sozialen Faktoren für die Erfolge des Rechtsextremismus verantwortlich sind. Diese Frage zu beantworten ist unverzichtbar, weil sich sonst keine schlüssige Gegenstrategie entwickeln lässt.

Abschließend sei vermerkt, dass die folgenden Ausführungen im Rahmen eines Forschungsprojekts zum Rechtsextremismus entstanden sind, welches das Ministerium für Schule, Wissenschaft und Forschung des Landes Nordrhein-Westfalen förderte. Besonderer Dank gilt Herrn Ministerialrat Dr. Wolf Jenkner (Düsseldorf) für seine Unterstützung und Herrn Dipl.-Sozialwissenschaftler Lüder Meier (Bremen) für seine Mitarbeit am 2. Kapitel des Buches.

Köln, im Winter 2001/02 *Christoph Butterwegge*

1. Begrifflichkeiten und theoretische Grundlagen

Rechtsextremismus, dem – teilweise völlig zu Unrecht – der Ruf anhaftet, einfache Antworten auf politisch schwierige Fragen zu geben, ist seinerseits kein simpler, sondern ein ausgesprochen komplizierter Forschungsgegenstand. Dies gilt gleichermaßen für den Begriff, die Erscheinungsformen und -ebenen sowie die Entstehungsursachen. Bislang hat sich die Fachwissenschaft weder auf einen bestimmten Terminus, der das Phänomen zutreffend und unmissverständlich bezeichnet, noch auf eine allgemeingültige Definition einigen können. Vielmehr existiert eine Fülle unterschiedlicher, einander zum Teil widersprechender Beschreibungen und Bewertungen, was die Verständigung zwischen denjenigen, die auf diesem Gebiet forschen, nicht gerade erleichtert und interessierten Laien den Zugang zum Thema noch mehr erschwert.

Die große Unübersichtlichkeit der Veröffentlichungen zum Thema „Rechtsextremismus" resultiert nicht zuletzt aus einer terminologischen Unklarheit, die wiederum mit der Ratlosigkeit von Politiker(inne)n, Publizist(inn)en und Expert(inn)en zu tun hat. Hier sind zunächst die wichtigsten Begriffe zu erläutern sowie voneinander abzugrenzen: „Ausländer-" bzw. „Fremdenfeindlichkeit" und „Xenophobie", „Rassismus" und „Ethnozentrismus", „Neofaschismus" und „Neonazismus" sowie „Rechtsradikalismus", „-extremismus" und „-populismus" gehören zu den Termini, die das Problemfeld umreißen oder eingrenzen sollen.

Ausländer- bzw. Fremdenfeindlichkeit und Xenophobie

Als die nach Verträgen der Bundesrepublik mit mehreren südeuropäischen, später auch mit zwei nordafrikanischen Staaten seit 1955 angeworbenen „Gastarbeiter" während der wirtschaftlichen Krisenphase der 60er-Jahre auf Ressentiments stießen, setzte sich hierzulande ein Terminus durch, den es nur im deutschsprachigen Raum gibt: „Ausländerfeindlichkeit" war eine Wortschöpfung, die das Phänomen als *individuelles* und nicht als *gesellschaftliches* Problem definierte. Welche sozialen bzw. historischen Zusammenhänge zwischen dem Hitlerfaschismus und dem Rechtsextremismus heute bestehen, blieb ausgeblendet, weil die Juden ja Deutsche und eben keine Ausländer/innen gewesen waren. „Ausländerfeindlichkeit" wurde nicht mit jenem fanatischen Antisemitismus, der Auschwitz erst möglich gemacht hatte, in Verbindung gebracht, sondern schien etwas völlig Neues zu charakterisieren, nämlich die Antipathie gegenüber einzelnen Bürger(inne)n anderer Nationalität.

Der erste Teil des Wortes ist irreführend, der zweite Teil verharmlosend. „*Ausländer*feindlichkeit" betrifft weder *alle* noch *nur* Ausländer bzw. Ausländerinnen: Schweizer/innen, Skandinavier/innen und Kanadier/innen leiden nicht darunter; umgekehrt nützt es Schwarzen, z.B. den Abkömmlingen deutscher Mütter und farbiger US-amerikanischer, britischer oder französischer Soldaten, die man in der Nachkriegszeit abschätzig „Besatzungskinder" nannte, überhaupt nichts, von Geburt an Deutsche zu sein. Wenn ein Afrodeutscher, von rechten Skins in einer U-Bahn angepöbelt, seinen Personalausweis zückt, lassen sie nicht etwa von ihm ab, packen ihre Baseballschläger ein und suchen sich in einem anderen Waggon ein „passenderes" Objekt ihrer *Ausländer*feindlichkeit, also einen Menschen anderer Nationalität; ihre Wut dürfte vielmehr sogar noch wachsen. Wie die Analogie zur „Hunde*feindlichkeit*" zeigt, von der Tierfreunde im Frühsommer 2000 sprachen, als viele Mitbürger/innen für einen Maulkorb- oder Leinenzwang bei sog. Kampfhunden plädierten, wird der rassistische Hass eher bagatellisiert, wenn man ihn „Ausländerfeindlichkeit" nennt.

Die übertriebene „Ausländer*freundlichkeit*" von Deutschen, in der sich Unsicherheit, Vorbehalte und verdrängte Schuldgefühle manifestieren können, ist gleichfalls schwer unter den Terminus „Ausländer*feindlichkeit*" zu subsumieren. Auf der anderen Seite macht dieser Begriff jedoch als einziger deutlich, dass Zuwanderer hierzulande juristisch über Generationen hinweg Ausländer/innen bleiben: Das deutsche Staatsangehörigkeitsrecht wurde seit dem Kaiserreich nur ein Mal – im Juli 1999 – grundlegend reformiert. Es richtet sich bis heute nach der „blutsmäßigen" Abstammung (Jus sanguinis) eines Menschen, lässt seinen Geburts- und Wohnort hingegen im Unterschied zum Territorialprinzip (Jus soli) weitgehend unberücksichtigt.

„*Fremden*feindlichkeit" erscheint noch fragwürdiger, weil unwillkürlich der Eindruck entsteht, die persönliche Abneigung oder Skepsis gegenüber „den Anderen" sei angeboren und damit natürlich. Es wird so getan, als löse das „Fremdsein" beispielsweise einer Muslimin mit ihrem Kopftuch die (im Extremfall bis zur Gewalttätigkeit eskalierende) Abwehrreaktion gegenüber Türk(inn)en aus. Man unterschlägt oder übersieht, dass bestimmte Menschen, die gar keine Ausländer/innen sein müssen, sondern – wie etwa Behinderte, Obdachlose oder Homosexuelle – sog. gesellschaftlichen Randgruppen angehören, erst (durch einen als „Ethnisierung" bezeichneten) Etikettierungs- und Stigmatisierungsprozess zu Fremden „gemacht" werden.[1]

Unter den Schülern des Nobelpreisträgers Konrad Lorenz hat Irenäus Eibl-Eibesfeldt, ein Zoologe, Soziobiologe und Humanethologe, für öffentliches Aufsehen gesorgt, als er rechte Gewalt damit zu erklären (oder vielleicht sollte man sagen: entschuldigen) suchte, dass „der Mensch" nicht nur durch „Lernen am Vorbild" und „Lernen über den Erfolg", sondern auch durch „stammesgeschichtliche Anpassungen zu aggressivem Handeln programmiert" sei: „Fremden gegenüber strebt der Mensch nach *repressiver Dominanz.*"[2]

In dem eng damit verwandten Begriff „Xenophobie" wird ein Kausalzusammenhang zwischen der *Furcht* (nichts anderes bedeutet Phobie) vor und der *Feindlichkeit* gegenüber „Fremden" hergestellt, womit sich die These verbindet, gemeint sei etwas Natürliches und biologisch Vorgegebenes, also nicht etwa sozial Gelerntes und Veränderbares.[3] Die Tatsache, dass „xénos" im Altgriechischen sowohl „Gast" als auch „Fremder" bedeutet, widerlegt die Behauptung, eine Ablehnung Letzterem gegenüber sei „normal" und ziehe sich zudem durch die gesamte Menschheitsgeschichte. Bedenklich stimmt, dass hierzulande selbst von erklärten Gegnern rechter Übergriffe so viel wie schon lange nicht mehr von „den/dem Fremden" gesprochen wurde,[4] wodurch man – meist ungewollt bzw. unbewusst – Ausgrenzungsprozesse unterstützt hat, denen bestimmte Gruppen seither verstärkt unterliegen.

Durch die Naturalisierung des Sozialen erfolgt eine Neutralisierung kritischer Vorstellungen, oppositioneller Strömungen und alternativer Gesellschaftsentwürfe. Denn das menschliche Handlungsrepertoire wird auf Triebregungen und Politik auf das quasi reflexhafte Ausagieren biologischer Gesetzmäßigkeiten beschränkt. „Die Theorien hinter dem Begriff ‚Xenophobie' reduzieren Menschen auf Natur und sind damit konstitutiv für die Produktion von Rassismen. Historisch-gesellschaftlich gewordene und veränderbare Ideologien und Alltagstheorien als Bestandteile von ‚Fremdenangst' entziehen sich in diesen Erklärungsmodellen einer analytischen und kritischen Reflexion."[5]

Auch wer den Begriff „Rassismus" nicht schätzt, wird das im angelsächsischen Sprachraum fälschlicherweise mit „Fremdenfeindlichkeit" statt „-furcht" gleichgesetzte Wort „Xenophobie" möglicherweise ablehnen. Denn es verschleiert nicht nur die Vielgestaltigkeit der Phänomene „*Furcht* vor Fremden" und „*Wut* auf Fremde", sondern unterstellt auch, dass die Furcht (stets?) in Wut oder Feindlichkeit umschlägt.[6]

Der Schriftsteller Hans Magnus Enzensberger erklärt in seinem Essay „Die Große Wanderung" den Fremdenhass zu einer „anthropologischen Konstante" und die Xenophobie zu einer „universellen Erscheinung", was er mit einer Geschichte begründet, die in einem Zugabteil spielt: Dort treffen zwei Passagiere aufeinander, die – obwohl einander fremd – Zeitungen, Mäntel und Handtaschen auf die übrigen Sitze gelegt haben, um den Eindruck zu erwecken, dass kein Platz für Mitreisende mehr frei sei. Gegenüber anderen Fahrgästen, die in das Abteil hineinwollen, schließen sich die beiden als Gruppe mit eigenen Interessen (der Abwehr) zusammen. „Es ist *ihr* Territorium, das zur Disposition steht. Jeden, der neu zusteigt, betrachten sie als Eindringling. Ihr Selbstverständnis ist das von Eingeborenen, die den ganzen Raum für sich in Anspruch nehmen. Diese Auffassung läßt sich rational nicht begründen. Um so tiefer scheint sie verwurzelt zu sein."[7] So plausibel die Parabel erscheint, so wenig berücksichtigt Enzensberger, dass sie nur die kulturelle Prägung von Europäern verdeutlicht. Denn in weiten Teilen der Welt gibt es gar keine Eisenbahnabteile, vielleicht deshalb, weil sich Reisende anders verhalten, als wir es gewohnt sind und Enzensberger es hier beschreibt: Man isoliert sich nicht, setzt sich vielmehr zueinander und kommuniziert mit den anderen, auch und gerade dann, wenn es sich dabei um „Fremde" handelt.

Rassismus und Ethnozentrismus

„Rassismus" bezeichnet im Unterschied zu den oben genannten Begriffen ein gesellschaftliches Macht- und Gewaltverhältnis (institutioneller bzw. struktureller Rassismus), eine Weltanschauung, die Rangunterschiede zwischen Menschengruppen pseudowissenschaftlich zu rechtfertigen sucht (intellektueller Rassismus) sowie Vorurteile eines Großteils der Bevölkerung gegenüber ethnischen Minderheiten und deren darauf basierende Diskriminierung (individueller bzw. Alltagsrassismus). Während der Rassismus die – biologische bzw. kulturelle – Differenz betont und damit in letzter Konsequenz den Ausschluss, die Ausgrenzung oder gar Ausmerzung „der Anderen" verlangt, hält der Ethnozentrismus die eigene Überlegenheit für ein zu vermittelndes Gut und neigt eher zu der Annahme, andere Völker bzw. Volksgruppen müssten sich assimilieren.[8]

Versucht man, Rassismus zu definieren, so handelt es sich im Kern um ein die Haltung und das Handeln von Millionen Menschen, aber auch die Praxis staatlicher Institutionen bestimmendes Denken, welches nach körperlichen bzw. nach kulturellen Merkmalen gebildeten Großgruppen (z.B. „den Weißen" und „den Schwarzen" oder „den Christen" und „den Muslimen") je eigene, unterschiedliche Fähigkeiten, Fertigkeiten oder Charaktereigenschaften zuschreibt. Dadurch wird die Ungleichverteilung von Rechten und materiellen Ressourcen erklärt, also die Existenz eigener Privilegien bzw. der Anspruch darauf legitimiert, die Gültigkeit universeller Menschenrechte hingegen negiert. Wer bei Gruppen von Menschen somatische Unterschiede (z.B. der Haut- und Haarfarbe, Physiognomie, Gesichtsform) feststellt, ist deshalb noch kein Rassist, selbst dann nicht, wenn er sie als „Rassen" bezeichnet. Allerdings ist eine solche Unterteilung der Menschheit wissenschaftlich unhaltbar, der Rassenbegriff durch den NS-Völkermord in Deutschland zusätzlich diskreditiert und daher kaum geeignet, eine sachliche Diskussion zu ermöglichen. Rassismus beginnt dort, wo körperliche Merkmale oder kulturelle Spezifika einer bestimmten Großgruppe so mit deren „inneren Werten" in Verbindung gebracht werden, dass man den Gruppenmitgliedern die Möglichkeit zur Entwicklung ihrer eigenen Persönlichkeit abspricht. Verletzt wird dadurch die menschenrechtliche Fundamentalnorm der Verfassung („Die Würde des Menschen ist unantastbar", Art. 1 Abs. 1 Satz 1 GG). Denn wer von Kollektiveigenschaften einer Menschengruppe ausgeht, muss das einzelne Individuum gar nicht mehr kennen lernen, um es „beurteilen" zu können. Er kann seine wichtigsten Wesenszüge vielmehr als bekannt voraussetzen, ganz so, als handle es sich um einen Hund, der – weil er einer bestimmten, gezielt gezüchteten Rasse angehört – genau dieselben Eigenschaften hat wie alle anderen Mitglieder derselben Rasse.

Seit den rechten Gewalttaten von Hoyerswerda, Hünxe, Rostock-Lichtenhagen, Mölln und Solingen lässt sich in der Bundesrepublik eine gewisse Enttabuisierung des Rassismusbegriffs feststellen. Dieser ist zwar als Fachterminus international gebräuchlich, was zuletzt bei der UN-Weltkonferenz gegen Rassismus im südafrikanischen Durban (31. August bis 8. September 2001) deutlich wurde, galt hierzulande aber jahrzehntelang als polemisch überzogen. So wird bemängelt, Rassismus sei ein Schimpfwort und tauge nicht als wissenschaftliche Kategorie. Hans-Gerd Jaschke wirft diesem Terminus seine „moralische Eindeutigkeit, Kampfrhetorik und besonders große Beliebigkeit“, dem damit verknüpften Ansatz wiederum eine doppelte historische Indifferenz vor: „Zum einen wird die begriffliche und inhaltliche Abgrenzung zur NS-Rassenpolitik und damit die Legitimation für die Verwendung eines historisch-moralisch überaus belasteten Begriffs nicht geleistet. Zum anderen ist Rassismus als statischer, den ‚Normalzustand‘ entwickelter Gesellschaften kennzeichnender Begriff indifferent gegenüber Fragen, wie und warum zu einem bestimmten Zeitpunkt der politisch organisierte Rassismus (nichts anderes ist letztlich Rechtsextremismus) stärker bzw. unbedeutender wird.“[9]

Überzeugen können Jaschkes Einwände allerdings nicht. Der unschätzbare Vorteil des Terminus „Rassismus“ besteht nämlich gerade darin, dass er gesellschaftliche Strukturzusammenhänge und historische Kontinuitäten seit dem Mittelalter (Kolonialismus) berücksichtigt, ohne Modifikationen und Ausdifferenzierungen, wie etwa biologisch bzw. kulturell begründete Spielarten des Rassismus, zu ignorieren. Auch lassen sich die „Konjunkturen“ rassistischer Stimmungen erklären, wenn sie auf sozialökonomische Krisen zurückgeführt und mit daraus resultierenden Konkurrenzängsten der heimischen Bevölkerungsmehrheit in Verbindung gebracht werden.

Rechtsradikalismus, -extremismus und -populismus

Die politischen Richtungsbezeichnungen „rechts“ und „links“ gehen auf die parlamentarische Sitzordnung in den nach der Französischen Revolution 1789 gebildeten Volksvertretungen zurück. Damals nahmen die Vertreter des Adels, des Großgrundbesitzes und des konservativen Bürgertums rechts, die Repräsentanten des niederen Volkes und fortschrittlicher, revolutionärer Teile der Bourgeoisie links – immer vom Sitz des Parlamentspräsidenten aus betrachtet – Platz. Zwar hat sich diese „politische Gesäßgeografie“ bis heute erhalten, die Differenzierung zwischen Links und Rechts sind aber in der Fachwissenschaft bzw. -publizistik nicht mehr unumstritten, weil sich neben der sozialen Frage andere (zum Beispiel ökologische) Probleme ergeben haben, zu denen die einzelnen Strömungen des politischen Spektrums dezidiert Stellung beziehen müssen, ohne dass die gesellschaftliche Position dabei den Ausschlag gibt. Man kann jedoch im Hinblick auf die Frage der sozialen Gleichheit/Gerechtigkeit noch immer deutlich rechte und linke Parteien voneinander unterscheiden.

Während der Hochzeit des Kalten Krieges sprachen nicht nur die Verfassungsschutzbehörden des Bundes und der Länder überwiegend von „Rechts*radikalismus*“. Die freiheitlich-demokratische Grundordnung war ihrer Meinung nach durch „Radikale von links und rechts“ bedroht, wenn sich der Staat nicht als „streitbare Demokratie“ durch Präventivmaßnahmen davor schützte. Gegen Mitte der 1970er-Jahre wurde dieser Begriff durch den Terminus „Rechts*extremismus*“ verdrängt, dieser später dann nicht mehr synonym damit verwendet, sondern in Form einer Steigerung. Nun galten die REPublikaner als „rechts*radikal*“, wurden jedoch nicht – wie „rechts*extreme*“ Organisationen – vom Verfassungsschutz mit nachrichtendienstlichen Methoden ausgespäht.

Der Ausdruck „radikal“ (von lat. radix, die Wurzel) hatte in der Aufklärung und der bürgerlich-demokratischen Revolution eine positive Bedeutung, weil die so bezeichnete Politik darauf zielte, das Übel „an der Wurzel zu packen“ und gesellschaftliche Missstände zu beseitigen. Vor diesem historischen Hintergrund sollte man lieber ganz auf den Begriff „Rechts*radikalismus*“ verzichten.

Ungefähr seit Mitte der 1970er-Jahre hat sich die Bezeichnung „Rechts*extremismus*“ durchgesetzt. Dieser Begriff wird hier zwar bevorzugt, weil eine sinnvolle Alternative fehlt, bleibt aber im Grunde auch unbefriedigend. Denn damit wird – streng genommen – eine Randständigkeit des besagten Phänomens und seiner Trägergruppen, wenn nicht Unseriosität oder Abnormität suggeriert, die Verantwortung der politischen bzw. gesellschaftlichen „Mitte“ für das besagte Problem hingegen ausgeblendet. „Extrem“ heißt nämlich, dass sich dieses Phänomen am äußersten Rand des politischen Spektrums und nicht in seinem Gravitationszentrum befindet. Wenn sich aber die Themen der Rechten mit den Themen der Mitte überschneiden,[10] kann von Rechts*extremismus* eigentlich gar nicht (mehr) die Rede sein.

Armin Pfahl-Traughber, wissenschaftlicher Mitarbeiter des Bundesamtes für Verfassungsschutz, beklagt eine „Begriffskonfusion um das Gemeinte und die Verwendung des Terminus als Kampfbegriff in der tagespolitischen Auseinandersetzung“; politischer Extremismus gilt ihm als „Sammelbezeichnung für unterschiedliche antidemokratische Bestrebungen“, wobei die Demokratie mit dem „modernen demokratischen Verfassungsstaat“ gleichgesetzt wird.[11] Wenn man den Links- aber genauso den Rechtsextremismus unter einen allgemeinen, unspezifischen Extremismusbegriff subsumiert, gehen die wesentlichen Unterschiede zwischen ihnen verloren. „Der Rechts- ist im Vergleich zum Linksextremismus politisch und ideologisch wesentlich homogener und überdies – auch in seinem Selbstverständnis – antidemokratisch, was für die kapitalismuskritische bzw. -feindliche Linke nur teilweise gilt."[12]

Gleichzeitig blendet der Extremismusbegriff die Verantwortung der gesellschaftlichen Mitte für die Rechtsentwicklung aus. Heinz Lynen von Berg, der die Debatten zu fremdenfeindlicher Gewalt im Deutschen Bundestag untersucht hat, spricht hinsichtlich einer meist bloß moralischen Ächtung des Rechtsextremismus von einer „Externalisierung des organisierten und gewalttätigen Potentials", das bewusst als leicht beherrschbar charakterisiert werde: „Rechtsextremismus wird – in erster Linie von der Union – als ein die Gesellschaft von außen bedrohendes Phänomen definiert. Gleichzeitig gilt die vom Rechtsextremismus angeblich oder wirklich ausgehende Gefahr als eingrenz- und kontrollierbar. Die ‚politische Mitte' stellt sich dabei als ‚immun' gegenüber rechtsextremen ‚Infizierungen' dar, wobei die Parteien sich zugleich in der Rhetorik des üblichen Parteienstreits vorwerfen, sich den jeweiligen Extremen anzubiedern oder für deren Entstehung und Ausbreitung verantwortlich zu sein. Durch diesen dichotomen Konstitutionsprozeß von ‚politischer Mitte' und ‚Extremismus' sowie durch die Selbstbezogenheit der beiden Volksparteien wird die Frage nach systeminhärenten Bedingungen für die Genese des Rechtsextremismus weitgehend ausgeblendet."[13]

Der Bielefelder Erziehungswissenschaftler Wilhelm Heitmeyer hat schon relativ früh, nämlich während der 1980er-Jahre, empirische Untersuchungen über (jugendlichen) Rechtsextremismus durchgeführt und dabei eine zweiteilige Definition zugrunde gelegt. Entscheidend sind für ihn folgende Aspekte: Die Ideologie der Ungleichheit (genauer: Ungleichwertigkeit) der Menschen bildet das zentrale, integrierende Kernstück rechtsextremer Positionen, und die Gewaltbereitschaft bzw. -akzeptanz das zentrale, integrierende Kernstück rechtsextremen politischen Verhaltens: „Von rechtsextremistischen Orientierungsmustern kann man (...) vorrangig dann sprechen, wenn beide Grundelemente zusammenfließen, wenn also die strukturell gewaltorientierte Ideologie der Ungleichheit verbunden wird zumindest mit der Akzeptanz von Gewalt als Handlungsform."[14]

Heitmeyers *dualer* Rechtsextremismusbegriff blieb nicht unwidersprochen, sondern rief zahlreiche Kritiker/innen auf den Plan. Man warf ihm vor, sich auf männliche Jugendliche zu konzentrieren, die ihre rechten Überzeugungen besonders militant zum Ausdruck brächten und dabei äußerst brutal vorgingen, die gesamtgesellschaftliche Problemdimension jedoch zu ignorieren. So bliebe ein sich seriös gebender, offene Gewaltanwendung vielleicht nicht nur aus taktischen Gründen ablehnender Rechtsextremismus unberücksichtigt, wie es umgekehrt auch bürgerliche Kräfte gebe, welche die „Ideologie der (sozialen) Ungleichheit" quasi im Zentrum der Gesellschaft verträten und auch der Staatsgewalt ein großzügig interpretiertes Machtmonopol zubilligten, ohne deshalb rechtsextrem zu sein. Weder geht rechtsextremes Denken *zwangsläufig* mit der Bereitschaft einher, selbst Hand anzulegen, noch vertreten *ausschließlich* Rechtsextremisten eine Ideologie der Ungleichheit bzw. Ungleichwertigkeit. Hier besteht vielmehr weitgehend Übereinstimmung mit dem (Liberal-)Konservatismus, der sich ebenfalls gegen die Nivellierung sozialer Unterschiede wendet.

Obwohl oder gerade weil sie den Gewaltaspekt ausklammert, ist eine Definition brauchbarer, die Christian Glaß vorschlägt: „Unter Rechtsextremismus ist (...) die Gesamtheit der Einstellungen, Verhaltensweisen und Aktionen zu verstehen, die, organisiert oder nicht, von der rassisch oder ethnisch bedingten sozialen Ungleichheit von Menschen ausgehend, nach ethnischer Homogenität von Völkern verlangt und das Gleichheitsgebot der Menschenrechtsdeklaration ablehnt. Rechtsextremismus räumt der ‚Gemeinschaft' eindeutigen Vorrang vor dem Individuum ein, verlangt die Unterordnung des Bürgers unter eine deutlich obrigkeitsgläubig orientierte Staatsräson und verwirft jeden Wertepluralismus liberaler Demokratie mit der Stoßrichtung, Demokratisierung rückgängig machen zu wollen."[15]

Der Berliner Sozialwissenschaftler Richard Stöss betont vor allem die große inhaltliche Breite des Terminus: „Rechtsextremismus ist ein Sammelbegriff für verschiedenartige gesellschaftliche Erscheinungsformen, die als rechtsgerichtet, undemokratisch und inhuman gelten."[16] Stöss nennt vier für den Rechtsextremismus zentrale Merkmale:

- die Verbindung von übersteigertem Nationalismus mit imperialistischem Großmachtstreben;
- die Negation universeller Freiheits- und Gleichheitsrechte des Menschen;
- die Stoßrichtung gegen parlamentarisch-pluralistische Systeme, die auf der Volkssouveränität und dem Mehrheitsprinzip beruhen;
- das gesellschaftliche Leitbild einer angeblich der natürlichen Ordnung entsprechenden „Volksgemeinschaft".

Rechtsextrem nennen wir Strömungen und Bestrebungen, die – häufig unter Androhung und/oder Anwendung von Gewalt – demokratische Grundrechte einzuschränken bzw. ganz abzuschaffen, in der Regel sozial benachteiligte, sich aufgrund körperlicher Merkmale wie Hautfarbe, Körperbau oder Haarbeschaffenheit, der Herkunft, weltanschaulichen, religiösen oder sexuellen Orientierung nach unterscheidbare, von der gültigen „Standardnorm" abweichende Minderheiten auszugrenzen, auszuweisen oder – im Extremfall – auszurotten und jene Kräfte auszuschalten oder zu schwächen suchen, die für deren Integration, das Ziel der gesellschaftlichen Emanzipation und Mechanismen demokratischer Partizipation eintreten. Rechtsextremisten möchten wieder hinter die bürgerliche Demokratie zurück und die Errungenschaften der Französischen Revolution rückgängig machen. Freiheit, Gleichheit und Geschwisterlichkeit über die Grenzen des eigenen Nationalstaates hinweg sind ihnen ein Graus.

„Rechtspopulismus" wird oft anstelle und in Abgrenzung von „Rechtsextremismus" benutzt, um damit deutlich zu machen, dass es sich um die modernisierte und salonfähigere Form derselben Richtung handelt. Der Populismusbegriff ist schillernd, weil darunter sowohl basis- und radikaldemokratische wie auch antidemokratische Strömungen subsumiert werden. Er charakterisiert nicht *die Politik* einer Partei, sondern die Art, wie sie gemacht und „an den Mann gebracht" wird: „‚Populistisch' genannte Bewegungen und Strömungen appellieren an das ‚Volk' im Gegensatz zu den Eliten, insbesondere an die ‚einfachen Leute', und nicht an bestimmte Schichten, Klassen, Berufsgruppen oder Interessen."[17] Populisten haben zwar wenig Hemmungen, etwa als Parlamentsabgeordnete die Privilegien der politischen Klasse in Anspruch zu nehmen, fordern jedoch von dieser, sich nicht zu bereichern, sondern stärker der Sache des Volkes anzunehmen.

Durch sein populistisches Auftreten verändert der Rechtsextremismus sein Gesicht, aber nicht sein Wesen. Bei dem, was „Rechtspopulismus" genannt wird, handelt es sich folglich nicht um ein neues Phänomen oder eine mit dem Extremismus kontrastierende und konkurrierende Strömung. Dagegen kann man die im modernen Rechtsextremismus dominante Agitationstechnik populistisch nennen. Dabei werden Sorgen, Nöte und Bedürfnisse des „einfachen Volkes" zu demagogischen Zwecken aufgegriffen und so in ein Projekt gegen die Regierenden eingebaut, dass Eigentums-, Macht- und Herrschaftsverhältnisse unangetastet bleiben. Stattdessen wendet sich der rechte Populismus gegen (Rand-) Gruppen, denen man die Schuld an sozialen Missständen zuschiebt. Beispielsweise wird die Verarmung breiter Schichten nicht im Rahmen einer ungerechten Verteilung des gesellschaftlichen Reichtums zwischen „Oben" und „Unten", sondern als Ergebnis der großen Durchlässigkeit bzw. Aufhebung des Unterschiedes zwischen „Innen" und „Außen" (also Deutschen und Migranten) thematisiert. „Die populistische Ansprache aktiviert in latenter Form vorhandene ausländerfeindliche Ressentiments, verbalisiert diese und läßt sie durch die Auslöser-Funktion der Rede manifeste Formen annehmen."[18]

Wenn die Kritik an einem angeblich überbordenden, die Wirtschaft lähmenden und den Standort gefährdenden Wohlfahrtsstaat im Mittelpunkt der Wahlkampfpropaganda einer Rechtspartei steht, spricht Frank Decker von „ökonomischem Populismus“, den er gegenüber einer „politischen“ (bzw. „institutionellen“) sowie einer „kulturellen“ Variante desselben Phänomens innerhalb westlicher Demokratien abhebt.[19]

Betrachtet man die Parteienlandschaft der Bundesrepublik, so wird man wohl noch am ehesten die Partei Rechtsstaatlicher Offensive (PRO) des Hamburger Richters Ronald Barnabas Schill als eine rechtspopulistische Partei bezeichnen können, wenngleich sie von ihrer Gründung an versucht, sich ideologisch und organisatorisch vom Rechtsextremismus abzugrenzen. Da sich die Schill-Partei im letzten Wahlkampf zur Bürgerschaft der Freien und Hansestadt Hamburg fast nur mit dem Thema „(Ausländer-) Kriminalität“ beschäftigt, „Law and order“-Parolen verbreitet und die Verstärkung der sog. Inneren Sicherheit gefordert hat, weist ihr Profil gewisse Überschneidungen mit rechtsextremer Programmatik auf. Die starke Personalisierung auf den Parteigründer und -vorsitzenden hat mit zu ihrem Image als Rechts- bzw. Führerpartei beigetragen, die sich auf populistische Weise der Sorgen „kleiner Leute“ annimmt.

Neofaschismus und -nazismus

Die beiden letztgenannten Begriffe wurden vor allem in der DDR synonym mit Rechtsextremismus bzw. -radikalismus verwendet. Sie gelten jedoch als überzogen, zu wenig differenziert und ungenau. Tatsächlich muss das Präfix „Neo-“ in Verbindung mit Phänomenen wie dem Faschismus und Nationalsozialismus als Widerspruch erscheinen. Mit dem Terminus „Neofaschismus“ bzw. „Neonazismus“ wird aber sehr präzise eine Teilmenge des gegenwärtigen Rechtsextremismus bezeichnet, die sich vom Rest durch

Traditionalismus, besondere Militanz und größeren Fanatismus unterscheidet. Nicht jeder Rechtsextremist ist demnach ein Neonazi, jeder Neonazi allerdings ein Rechtsextremist. „Neofaschisten/Neonazis sind jene Rechtsextremisten, die sich geistig-politisch, programmatisch, in der Symbolik und in den praktizierten Aktionsformen offen auf die Traditionen des historischen Faschismus bzw. Nazismus berufen. Neofaschismus/Neonazismus ist die radikalste und brutalste Spielart des heutigen Rechtsextremismus."[20]

So falsch es wäre, jeden Jugendlichen, der ohne Geschichtskenntnisse und politische Reflexion ein Hakenkreuz auf Toilettentüren schmiert, als Neonazi zu bezeichnen, so absurd wäre der Glaube, es gäbe heutzutage keine überzeugten Anhänger des Nationalsozialismus mehr. Aufmärsche der NPD, der „Jungen Nationaldemokraten" (JN) oder der sog. Freien Kameradschaften („Stiefelfaschisten") mit ihrem martialischen Gepräge unterstreichen in der Öffentlichkeit, dass es eine Szene gibt, die das NS-Erbe sowie die Traditionen von SA- und SS-Verbänden pflegt. Wer sich zum „klassischen" Faschismus, 1922 in Italien unter Benito Mussolini (dem „Duce") an die Macht gelangt, bzw. zum „klassischen" Nationalsozialismus, 1933 in Deutschland unter Adolf Hitler (dem „Führer") an die Macht gelangt, explizit bekennt und deren Politik gezielt verharmlost sowie sie durch Wort oder Tat verherrlicht, muss als Neofaschist bzw. als Neonazi gelten.

2. Erscheinungsformen, Bestandteile und Handlungsfelder des Rechtsextremismus

Der moderne Rechtsextremismus ist ein sehr komplexes und sozial heterogenes Phänomen. Es ist zu unterscheiden zwischen ultrarechten Ideologien, Organisationen bzw. Parteien sowie Gewalttaten, Übergriffen und Demonstrationen. Ohne hier alle rechten Einstellungs- und Handlungsmuster berücksichtigen zu können, sollen relevante Orientierungen, bekannte Gruppierungen und besonders militante Aktionen vorgestellt werden.

Ideologien

Wenn man sich bewusst macht, dass der Rechtsextremismus sowohl „Stiefelfaschisten“ wie auch Stammtischbrüder, sowohl jugendliche Schlägerbanden wie auch „Skinheads in Nadelstreifen“ umfasst, stellt sich unwillkürlich die Frage, was so unterschiedliche Kräfte miteinander verbindet. Bei der Beantwortung stößt man auf ein Gedankengebäude, das aus Vorurteilen, Klischees, Stereotypen, Theorien und Theorieversatzstücken besteht, deren wichtigste als „Kernideologien“ bzw. „-ideologeme“ des Rechtsextremismus bezeichnet werden können: Rassismus, Nationalismus, Biologismus, Sozialdarwinismus, Sexismus, Autoritarismus und Militarismus. Sie gehören zusammen, lassen sich jedoch auch einzeln betrachten und im Hinblick auf ihren unterschiedlichen Stellenwert für den Rechtsextremismus würdigen.

Rassismus als koloniales Erbe sowie als Mittel der Abgrenzung und Diskriminierung von ethnischen Minderheiten

Der moderne Rassismus bewegt sich auf drei Wirkungsebenen, die Pierre-André Taguieff im folgenden Zitat nennt: „Wir unterscheiden (…) zwischen der *rassistischen Ideologie* (Doktrin, Weltsicht, Geschichtsverständnis, Theorie, Philosophie), dem *Rassenvorurteil* (Einstellung, affektiv-imaginäre Disposition, in Verbindung mit ethnischen Klischees, umgemünzt als ‚Meinungen' und ‚Überzeugungen') und der *Rassendiskriminierung* (beobachtbares, kollektives Verhalten, d.h. meßbar, verbunden mit bestimmten Modi des Funktionierens der Gesellschaft)."[1] Neben den anderen o.g. Ideologien bildet der Rassismus ein, wenn nicht das entscheidende geistige Fundament des Rechtsextremismus, welches nicht nur im Bewusstsein vieler Menschen in Europa über Anknüpfungspunkte verfügt, sondern auch institutionalisierte Formen (der Diskriminierung durch Behörden und Ämter) angenommen hat.

Rassismus stellt gewissermaßen eine „politisch-ideologische Einstiegsdroge" für die Mitglieder, Wähler/innen und Anhänger rechtsextremer Parteien dar, man könnte auch sagen: einen geistigen Kitt, der so wenig miteinander verwandte Menschengruppen wie Skinheads, organisierte Neonazis, Stammtischbrüder, nationalkonservative Wissenschaftler und „Protestwähler" (der REPublikaner, DVU oder NPD) miteinander verbindet.

Vorurteile, Klischees und Stereotype gelten als Inbegriff des Rassismus, bilden aber mitnichten seinen im wahrsten Sinne des Wortes „harten Kern". Die rassistischen Denk- und Handlungsweisen sind weniger eine Sache der persönlichen Einstellung als gesellschaftlicher Machtmechanismen und staatlicher Politik. Wäre der Rassismus nur ein Vorurteil, das in den Köpfen vieler Europäer und Amerikaner herumspukt, könnte man ihn durch Aufklärungsmaßnahmen der politischen Bildung und durch reale Begegnungen zwischen Angehörigen unterschiedlicher „Rassen" bekämpfen. Dies reicht aber deshalb nicht aus, weil er sich auch in die ökonomischen und politischen Strukturen der Industriegesellschaften eingelagert hat und zum festen Bestandteil institutioneller Arrangements geworden ist. Man spricht in diesem Zusammenhang von „strukturellem“ bzw. „institutionellem Rassismus“: „Der Begriff ‚institutioneller Rassismus‘ soll deutlich machen, daß rassistische Denk- und Handlungsweisen nicht Sache der persönlichen Einstellung von Individuen, sondern in der Organisation des gesellschaftlichen Miteinanders verortet sind, welche die Angehörigen der eigenen Gruppe systematisch gegenüber den Nicht-Dazugehörigen privilegieren.“[2]

Die strukturelle Benachteiligung von (ethnischen) Minderheiten spiegelt sich beispielsweise in der Ausländergesetzgebung wider, die Nichtdeutsche zu Menschen „zweiter Klasse“ degradiert: Da müssen sich Asylbewerber, die der „Residenzpflicht“ unterliegen, bei der Ausländerbehörde eine Erlaubnis besorgen, wenn sie ihren Landkreis verlassen wollen, um Freunde zu besuchen; kann ein Restaurantbesitzer aufgrund des geltenden „Inländerprimats“ bei der Arbeitsvermittlung keinen marokkanischen Koch einstellen, solange deutsche und EU-Bürger/innen einen solchen Job suchen; wurden die Rektoren aller deutschen Hochschulen nach den Terroranschlägen am 11. September 2001 verpflichtet, die Daten ihrer ausländischen Studierenden für eine polizeiliche Rasterfahndung bereitzustellen.

Siegfried Jäger begreift Rassismus als Einstellung, bei der genetisch oder/und kulturell bedingte Unterschiede, die man bei Angehörigen von Minderheiten feststellen kann oder feststellen zu können glaubt, aus einer Position der Macht heraus (in der Regel negativ) bewertet werden.[3]

Wie Robert Miles feststellt, sollte der Rassismusbegriff nur auf eine bestimmte (Art von) Ideologie, aber weder auf Praxisformen, Handlungsprozesse und ihre Folgen bezogen noch dadurch überfrachtet werden, dass man ihn für jede Zuschreibung von Eigenschaften aufgrund biologisch oder kulturell bedingter Unterschiede verwendet, die der Rechtfertigung von Ungleichheit dient.[4]

Humangenetiker erklären aufgrund ihrer neueren Forschungsergebnisse die Anwendung des Begriffs „Rasse“ auf die Gattung Mensch für „völlig unsinnig“, was Luca und Francesco Cavalli-Sforza wie folgt begründen: „Die Struktur der menschlichen Populationen ist äußerst komplex und variiert von Region zu Region und von Volk zu Volk; dank der ständigen Migrationen innerhalb der Grenzen aller Nationen und darüber hinweg gibt es immer Nuancen, die klare Trennungen unmöglich machen.“[5]

Für den Rassisten werden vorher unübersichtliche Verhältnisse klar strukturierbar: Wenn man die Menschheit gemäß der jeweiligen „Rassenzugehörigkeit“ ihrer Mitglieder in wenige Großgruppen unterteilen kann, muss man sie als Individuen mit je spezifischen Charaktereigenschaften, Talenten und Schwächen gar nicht mehr zur Kenntnis nehmen. Die internationalen Eigentums-, Macht- und Herrschaftsverhältnisse erklären sich von selbst, nämlich durch die Überlegenheit einer bestimmten „Rasse“ gegenüber (einer) anderen.

Die Vorgeschichte des Rassismus reicht bis zur Herausbildung der indischen Kastengesellschaft um das Jahr 1500 v. Chr. zurück.[6] Im antiken Griechenland waren die (versklavten) Barbaren nicht etwa „rassisch“ Minderwertige, sondern „nur“ zivilisatorisch Zurückgebliebene. Die Geburtsstunde des modernen Rassismus/Antisemitismus schlug vor über einem halben Jahrtausend: 1492 wurden die Juden – zusammen mit den Muslimen – nach der Reconquista (Rückeroberung Andalusiens durch die Christen) aus Spanien vertrieben; mit der Entdeckung bzw. Eroberung Amerikas durch Christoph Kolumbus und seine Auftraggeber einige Monate später war nicht nur die Durchsetzung einer neuen, heute in ihren Grundzügen nach wie vor gültigen Weltordnung verbunden, sondern auch die Notwendigkeit, koloniale Ausbeutung, Versklavung und Ausrottung fremder Völker zu rechtfertigen. Was lag näher, als Indios und Afrikaner, die sich durch ihre Hautfarbe von den weißen Kolonialherren unterschieden, für „minderwertig“ gegenüber diesen Herrenmenschen zu erklären?

Die moderne Rassenlehre kann man als Reaktion auf die Große Französische Revolution von 1789 begreifen: Joseph Arthur Comte de Gobineau interpretierte den Niedergang seines adligen Standes gegen Mitte des 19. Jahrhunderts als Form der Degeneration und prophezeite, die „Vermischung des Blutes“ unterschiedlicher Rassen werde zum Aussterben der Menschheit führen.[7] Der deutsche Komponist Richard Wagner und sein britischer Schwiegersohn Houston Stewart Chamberlain schufen, vom Sozialdarwinismus ihrer Zeit geprägt, mit dem Germanenkult und dem Ariermythos wichtige Anknüpfungspunkte für den Nationalsozialismus.

Nach dem Holocaust war der Rassismus/Antisemitismus für längere Zeit weltweit geächtet. Durch die Rückkehr zu einer seiner früheren Erscheinungsformen konnte er sich wieder vom „Geruch der Gaskammern“ befreien: Der „differenzialistische“, *Neo-* bzw. *Kultur*rassismus unterscheidet sich zwar insofern vom traditionellen, biologistisch begründeten *Kolonial*rassismus, als – zumindest vordergründig – keine Hierarchie der „Menschenrassen“ entsteht. Die angeblich kulturell bedingte Fremdheit zwischen verschiedenen Ethnien ersetzt die Höher- bzw. Minderwertigkeit der offenbar nicht mehr für zeitgemäß gehaltenen Rassen. Man kann deshalb auch von einem „Rassismus ohne Rassen“ (Etienne Balibar) sprechen.

Rassismus und Antisemitismus (als dessen Spezialform) sitzen tief im „kollektiven Gedächtnis“ der Deutschen, die ihre NS-Vergangenheit verdrängt und weder aufgearbeitet noch wirklich „bewältigt“ haben. Legitimiert wird heute allerdings nicht mehr eine Politik der kolonialen Expansion seitens europäischer Großmächte, sondern die Abwehr ihrer personifizierten Folgen (Arbeitsmigranten, Armuts- und Ökoflüchtlinge aus der sog. Dritten Welt): Bewohner der Entwicklungsländer werden ihrer Bildung bzw. Kultur nach als der abendländischen Hochindustrie nicht gewachsen bezeichnet. Gleichzeitig ergreift man scheinbar für die ethnischen Minoritäten Partei, wenn deren Integration mit dem „wohlmeinenden" Argument abgelehnt wird, dass diese ihrer Liquidation als Volk bzw. Volksgruppe gleichkomme. Der französische Sozialphilosoph Etienne Balibar hebt hervor, dass sich in den (nach dem 11. September 2001 übrigens verstärkt wirksamen) Ressentiments dem Islam bzw. den arabischen (semitischen) Muslimen gegenüber die beiden Hauptstränge des Rassismus, seine koloniale und seine antisemitische Variante, überlagern und verdichten.[8]

Nationalismus im Spannungsfeld von demokratischer Partizipation und militärischer Expansion

Handelt es sich beim Rassismus um ein Ausschließungsverhältnis zwischen menschlichen Individuen bzw. Großgruppen, so begründet der Nationalismus einen Wettbewerb zwischen Staaten bzw. politischen Gemeinschaften. Während der Rassismus die „Menschenrassen" konstruiert und die sozialen Ungleichheiten zwischen ihnen „naturalisiert", konstituiert der Nationalismus unterschiedliche Nationen, wodurch die Herausbildung von Territorialstaaten als „gottgewollt" legitimiert wird, obwohl sie ohne ihn gar nicht denkbar wären. Man darf Ursache und Wirkung allerdings nicht miteinander verwechseln: Der Nationalismus bringt die einzelnen Nationalstaaten, diese bringen wiederum die entsprechenden Nationen hervor – keineswegs umgekehrt.[9]

Nationalismus unterscheidet sich vom Rassismus dadurch, dass er nicht durchgängig negativ ist. Peter Alter betont vielmehr die Janusköpfigkeit des Phänomens: „Nationalismus kann verbunden sein mit Bestrebungen der politischen, sozialen, wirtschaftlichen und kulturellen Emanzipation wie solchen der Unterdrückung."[10] War der bürgerliche National- gegenüber dem feudalen Ständestaat als demokratische Alternative und Triebkraft der Produktivkraftentwicklung (Industrialisierung) ein gewaltiger Fortschritt,[11] so trug der Nationalismus in seiner Frühzeit mit dazu bei, dass Untertanen zu Staatsbürgern wurden. Eine Analyse, die nicht zwischen einem Nationalismus „von unten" und einem Nationalismus „von oben" differenziert, kann seinen schillernden Charakter schwerlich erklären.

Den modernen Nationalismus kennzeichnet eine Doppelstruktur: Er kann unterdrückten Völkern oder Volksgruppen das zu ihrer Befreiung von kolonialer Ausbeutung nötige Selbstbewusstsein vermitteln, aber auch als Herrschaftsinstrument, etwa zur Weckung von Hassgefühlen, zur Massenmobilisierung im Krieg oder zur Legitimation der Eroberung und Besetzung fremder Länder, benutzt werden. Die Ungleichzeitigkeit der Entwicklung verschiedener Nationalismen bewirkt ein buntes Erscheinungsbild: Sie alle über einen Kamm zu scheren hieße, gravierende politisch-ideologische Unterschiede zu ignorieren.

Nationalismus ist nicht gleich Nationalismus. Ob er (wie in Frankreich) aus einer Revolution hervorgeht und sich republikanisch-demokratisch begründet oder ob er (wie in Deutschland) eine feudale Reichsgründung legitimiert und sich auf eine „Kulturnation" bezieht, deren Basis das ethnisch homogenisierte Staatsvolk bildet, entscheidet mit über die politischen Interessen, denen der Nationalismus in einer bestimmten historischen Situation dient.

In Frankreich bildete der Nationalismus ein Mittel zur politischen Emanzipation des Bürgertums gegenüber dem Adel und begründete 1789 eine demokratische Revolution. Auch in Deutschland war er zunächst keine konservative, vielmehr eine radikaldemokratische Ideologie aufgeklärter Intellektueller: Als liberale Oppositionsbewegung richtete er sich gegen die Fürstenhäuser, deren feudalabsolutistisch regierte Kleinstaaten in einen Nationalstaat überführt werden, und gegen Adelsprivilegien, die der Gleichberechtigung aller Staatsbürger weichen sollten. Hans-Ulrich Wehler betont überdies, dass der Nationalismus als „durchaus zeitgemäße, moderne Antwort auf eine konkrete Krisensituation“ zu begreifen sei, die jedoch „von Anfang an mit Fremdenhaß, mit Feindseligkeit gegenüber vermeintlichen nationalen Gegnern außerhalb des Landes, später immer mehr auch im Innern“ einherging.[12]

Gleichwohl betonte der Nationalismus nicht nur die Ungleichheit der Völker, sondern hob auch die sozialen Schranken im Landesinnern dadurch auf, dass statt der trennenden Klassengegensätze die Herausbildung einer fiktiven „Volksgemeinschaft“ bzw. die emotionale Identifikation mit ihr gefördert wurde: „Das große Versprechen des Nationalismus lautete: Gleichheit durch Einheit.“[13] Erst der Sieg des nationalen Prinzips schuf den Sozialstaat mit rigiden Ausschließungsregeln für Menschen ohne (die „richtige“) Staatsbürgerschaft, führte aber auch zu Kriegen, Verfolgung und Vertreibung im Weltmaßstab. Das Schicksal vieler Millionen Flüchtlinge hängt weitgehend von „nationalen Interessen“ ab, die in ständigem Kampf miteinander liegen, was man im Hinblick auf die Geschichte des Asylrechts in Europa als „Tyrannei des Nationalen“ (Gérard Noiriel) bezeichnen kann.

Über die Frage, was eine Nation ist und welche Faktoren (z.B. die Abstammung, die gemeinsame Sprache oder die Existenz „natürlicher“ Grenzen) ihr zugrunde liegen, sind ganze Bibliotheken verfasst worden. Es gibt zwei unterschiedliche, ja sogar gegensätzliche Begriffe der Nation. Das republikanisch-demokratische Nationsverständnis differenziert zwischen „Volk“ und „Nation“: Demnach ist „Volk“ eine ethnologische, „Nation“ hingegen eine politische Kategorie. Ganz anders bestimmt das völkisch-nationalistische Lager dieses Verhältnis: Hier fallen „Volk“ und „Nation“ zusammen, weil man sie beide als biologische Konstanten begreift. Die letztgenannte Sichtweise widerspricht der historischen Logik und der gesellschaftlichen Realität, wie schon ein Blick auf die Landkarte zeigt: „Es gibt Völker (Ethnien), die keine eigene Nationsbildung durchmachen, und es gibt Nationen, die mehrere Völker oder Volksgruppen umfassen (in Europa z.B. die Schweiz oder Belgien). Im Unterschied zu Nationen, die unter bestimmten

Bedingungen entstehen und auch wieder zerfallen können, haben Völker eine wesentlich längere Lebensdauer."[14]

Nation ist – genauso wie „Rasse" – eine soziale Konstruktion, d.h. zunächst nur eine Fiktion, deren sich unterschiedliche politische Lager bedienen können, um ihre Herrschaftsambitionen befriedigen, Abgrenzungsbemühungen gegenüber anderen Gruppen rechtfertigen und die eigene Machtposition festigen zu können.

Die neuzeitliche Nation stellt das Produkt eines gesellschaftlichen Modernisierungsprozesses auf der Basis industrieller Produktion, territorialer Expansion, sozialer Interaktion und sprachlicher Kommunikation einer größeren Gruppe von Menschen mit gemeinsamem Erfahrungshintergrund dar. Damit der Nationalismus die Massen ergreift, bedarf es einer gemeinsamen Tradition, Religion und/oder historischen Mission, die ein dauerhaftes Zusammengehörigkeitsgefühl begründet, wie auch einer sozialökonomischen Krisen- bzw. politischen Umbruchsituation, die davon (potenziell) Betroffene veranlasst, sich als „Volksgemeinschaft" zu begreifen, Staatsbürgerrechte einzuklagen oder Privilegien durch kollektive Organisation zu verteidigen.

Unter völkischem bzw. *Ethno*nationalismus verstehen wir eine Ideologie, welche die Völker als Subjekte der Geschichte begreift und die Volksnation zum Kristallisationskern ihres Nationsbegriffs macht. Ethnonationalismus bestimmt bis heute die Hierarchie der Nationen und der Nationalstaaten untereinander, beschwört aber auch durch deren Zerfall zahlreiche militärische Konflikte, Kriege und Bürgerkriege herauf. Selbst das Grundgesetz enthält völkisch-nationalistische Bestimmungen, etwa im Hinblick darauf, dass fundamentale Rechte allein Deutschen vorbehalten bleiben.[15] Das nach 1945 mit gewissen Modifikationen fortgeltende Reichs- und Staatsangehörigkeitsgesetz von 1913 erlangte dadurch eine traurige Berühmtheit, dass es die deutsche Staatsbürgerschaft an die Abstammung band, was bedeutete, dass Zuwanderer über Generationen hinweg Ausländer blieben, während osteuropäische Übersiedler aufgrund des „deutschen Blutes" ihrer Vorfahren problemlos Bundesbürger werden konnten, ohne auch nur ein Wort Deutsch zu sprechen.

In welchem Verhältnis zueinander der Nationalismus und der Rassismus stehen, ist umstritten. Für den Bremer Hochschullehrer Freerk Huisken beispielsweise bildet der Nationalismus die Grundlage des Rassismus.[16] Demgegenüber betont Wolfgang Kowalsky, dass der Antisemitismus als Spielart des Rassismus älter sei als die Nationalstaaten und der Nationalismus.[17] Letztlich sind Rassismus und Nationalismus zwei Seiten einer Medaille. Sie dienen den politischen Machthabern dazu, ihre (Vor-)Herrschaft zu erhalten, und den Ohnmächtigen, sich in der Gesellschaft zu positionieren, sich die bestehenden Eigentums- bzw. Herrschaftsverhältnisse zu erklären und gleichzeitig über andere Menschen zu erheben. Etienne Balibar zufolge geht der Rassismus ständig aus dem Nationalismus und dieser wiederum aus jenem hervor.[18]

Nationalismus und Rassismus sind Ideologien sozialer Ungleichheit, aber auch wechselseitig einander bedingende und ergänzende Ausschließungs- bzw. Diskriminierungspraktiken. Gerd Wiegel vertritt die These, dass der Rassismus und der Nationalismus seit dem Ende der Ost-West-Konfrontation 1989/90 enger zusammenwirken: „Dies vor allem, da die nationale Homogenität – die ‚vorgestellte Gemeinschaft' – durch die Auflösung des alten Blocksystems und die zunehmende Internationalisierung, verbunden mit einer Anonymisierung und Undurchschaubarkeit politischer Entscheidungsvorgänge, immer weiter schwindet. Solange jedoch entgegen dieser Entwicklung die nationalistische Ideologie nicht verschwindet, sondern im Gegenteil eine Renaissance erlebt, wird die rassistische Abgrenzung und Ausschließung immer wichtiger, um an der Vorstellung der nationalen Gemeinschaft festhalten zu können."[19]

Mittel der Naturalisierung gesellschaftlicher Ungleichheit: Biologismus, Sozialdarwinismus und Sexismus

Sozialdarwinistische Thesen fungieren als geistiges Bindeglied von Nationalismus und Rassismus. Sie tragen dazu bei, dass sich der Rechtsextremismus eher als geschlossene Weltanschauung präsentieren kann. Zunächst werden die Aussagen der Evolutionstheorie Charles Darwins bruchlos auf Menschen, Völker und (als biologische, nicht als politische Einheiten begriffene) Nationen übertragen. Das so legitimierte (Faust-)Recht akzeptiert nicht nur, dass es stärkere und schwächere Menschengruppen gibt, sondern verbindet den Grad ihrer Stärke auch mit Vorstellungen über die Höher- bzw. Minderwertigkeit bestimmter Individuen.

Die historische Anthropologie des 19. und frühen 20. Jahrhunderts war zu weiten Teilen vom Rassegedanken fasziniert und entwickelte eine Hierarchie, die den äußerlich unterscheidbaren „Rassen" bestimmte Persönlichkeits- und Verhaltensmerkmale zuordnete. Bis heute wirkt der Gobineau'sche Rassemythos fort, wonach sich die Menschheit in eine gelbe, eine schwarze und eine weiße „Grundrasse" gliedert. Während die Talente der „gelben Rasse" auf Handel und Handwerk beschränkt seien und die „schwarze Rasse" als wenig intelligent, dafür jedoch als umso sinnlicher galt, hob sich die „weiße Rasse" durch ihre intellektuelle Überlegenheit markant von beiden ab. Bald wurden die „Europiden" als Nachfahren der indogermanischen Arier zur „Herrenrasse" stilisiert. Solche Zuschreibungen bildeten die Grundlage eines elitären Führungsanspruchs. Man leitete aus der vorhandenen Verschieden*artigkeit* menschlicher Großgruppen eine Hierarchie der Verschieden*wertigkeit* ab.[20] Ausgehend von dieser allgemeinen Ungleichheit entwickelte sich eine scheinbar wohl begründete Politik der ohnehin praktizierten und fest im gesellschaftlichen Denken der damaligen Zeit verankerten Rassendiskriminierung.

Für solche Ausgrenzungspraktiken gegenüber vermeintlich schädlichen Einflüssen auf das „Volksganze" lieferte die anthropologische Rassenkunde pseudowissenschaftliche Begründungen, und der Nationalsozialismus setzte sie in eine tödliche Praxis um.[21] Auch wenn die Tradition innerhalb einer historischen Anthropologie, welche die Vielfalt äußerer Merkmale rassistisch auflädt, jeder wissenschaftlichen Grundlage entbehrt, arbeiten rechtsextreme Ideologen mit eben jenem Rassenmythos, um für das Phantasma einer national homogenen Volksgemeinschaft zu werben.

Mittels des Sozialdarwinismus (der keineswegs ein Konstrukt von Darwin selbst, sondern einiger seiner Interpretatoren war) konnte das imperialistische Europa die Unterdrückung vermeintlich primitiver und kulturloser Völker rechtfertigen. Seinen Höhepunkt erreichte der Sozialdarwinismus mit der massenhaften Ermordung der Juden, die zwar nicht als kulturlos angesehen wurden, aber im NS-Regime auf perfide und irrationale Weise zu Hauptverantwortlichen für gesamtgesellschaftliche Missstände abgestempelt wurden.

Die Soziobiologie war eine direkte Reaktion auf die Diskreditierung des Rassegedankens durch Kolonialismus und Nationalsozialismus. Der Grundmechanismus des Sozialdarwinismus bleibt indes erhalten: Statt den Fokus auf verschiedene „Rassen" zu richten, die es für eine aufgeklärte Wissenschaft gar nicht gibt, betrachtet man die Gene, was sehr viel unverfänglicher erscheint. Dies trägt dazu bei, dem Rassismus ein seriöses Antlitz zu verleihen. Die extreme Rechte beruft sich nur allzu gern auf pseudowissenschaftliche Erkenntnisse von Soziobiologen: Leben wird als ständiger Überlebenskampf interpretiert, und das organisch gedachte Volk muss sich nicht nur „artfremder", sondern sämtlicher schwacher Elemente und schädlicher Einflüsse erwehren. In letzter Konsequenz führt Soziobiologismus zur Legitimierung eugenischer Praktiken, die menschliches Leben in „wertes" und „unwertes" einteilen. Soziobiologen leugnen nicht, dass die Ethnien aus der Vermischung hervorgegangen sind, erklären diesen Selektionsprozess jedoch für abgeschlossen. Alle weiteren Vermischungen hätten negative Auswirkungen auf die Gene und damit den Leistungsstandard, heißt es.

Die Reinhaltung der eigenen „Rasse“ oder Ethnie von eigenen und fremden schwachen Elementen bleibt ein ultrarechtes Leitmotiv. Für die Rechtsextremisten steht nichts Geringeres auf dem Spiel als die abendländische Kultur, deren Untergang schon Oswald Spengler beschworen hatte. Ins Politische rückübersetzt, erscheinen rassistische Praktiken als „natürliches Abwehrverhalten“ zur Bestandssicherung des eigenen Volkes. Auch die Geringschätzung sozialer Sicherungssysteme resultiert aus der soziobiologischen Weltsicht. Die Ablehnung des Solidaritätsprinzips findet sich zumeist in der Überbetonung von „Leistungsgerechtigkeit“ in der rechtsextremen Programmatik wieder. Daraus erklärt sich, warum nicht nur Fremde, sondern auch Einheimische mit körperlichen und/oder geistigen Einschränkungen sowie Obdachlose zu potenziellen Opfern rechtsextremer Gewalt werden, denn solche Übergriffe gelten als sinnvoller Beitrag zur „Rassenhygiene“. Der ultrarechte Irrglaube an die biologisch gegebene Ungleichwertigkeit manifestiert sich im Kampf gegen Gleichheit und Gleichberechtigung.[22]

Die Darwin'sche Evolutionslehre fortführend, sind Soziobiologen allein am Fortpflanzungserfolg der Gene interessiert. Ihr grundlegender Ansatz, menschlich geschlechtsspezifisches Verhalten einzig durch den postulierten Zwang zur Arterhaltung zu erklären, wird jenseits der Anthropologie und Verhaltensforschung verworfen, weil die Dimension der kulturellen Evolution vollständig ausgeblendet bleibt, wonach die soziokulturelle Entwicklung der Menschheit längst nicht mehr vom Fortpflanzungserfolg abhängig gemacht werden kann.[23]

Während im Sozialdarwinismus die „Rasse“ das entscheidende Selektionsmerkmal bildet, fragt die Soziobiologie, inwieweit die Gene das menschliche Verhalten bereits festlegen. Sie überträgt einen Streitpunkt zwischen Naturwissenschaftlern über tierisches Verhalten auf menschliche Kollektive: Betrachten die einen Tiere als lernfähige Wesen, so behaupten die anderen, sie spulten lediglich ein genetisch vorgegebenes Programm ab. Damit setzt die Soziobiologie der Freiheit des Willens eine „Diktatur der Gene" entgegen. Letztlich erscheint die Berufung auf genetische Determinanten kaum weniger problematisch als der „Rassendiskurs", was im Hinblick auf die Rollenverteilung der Geschlechter besonders deutlich wird.

Ausgehend von den vorgestellten „natürlichen" Ordnungssystemen plädieren Rechtsextremisten für die traditionelle Arbeitsteilung zwischen Mann und Frau. Entsprechend gilt ihnen die Tendenz zur Gleichberechtigung zwischen den Geschlechtern als einer der größten Irrtümer des Liberalismus. Abermals wird an dieser Stelle mit naturgegebenen biologisch-physischen Konstanten argumentiert, aus denen voraufklärerische Rollenverteilungen abgeleitet werden. Die biologistische Sichtweise geht dabei mitunter so weit, Männer und Frauen als verschiedene Arten anzusehen, die einzig zur Bestandssicherung dem Zwang zur Symbiose unterliegen.[24] Demzufolge werden den Geschlechtern bestimmte Charaktere und Aufgaben zugeordnet: Während der Mann (als rationales Wesen) über die Arbeit für den Unterhalt der Familie zuständig ist, obliegen der Frau (als emotionalem Wesen) Kindererziehung und Haushaltsführung. Alle emanzipatorischen Prozesse seit dem Zeitalter der Aufklärung gelten der extremen Rechten als Fehlentwicklungen.

Für den Rechtsextremismus ist die Familie als „Keimzelle der Volkes" von eminenter Bedeutung. Die extreme Rechte fällt durch restaurative Familienmodelle auf, indem mitunter nicht nur ein starker Vater propagiert, sondern auch ein prügelnder Ehemann geduldet wird. Damit bedient man das patriarchalische Klischee, wonach es stets am Verhalten der Frau liegt, wenn der Mann zum Prügeln neigt. Familiale Gewaltverhältnisse werden – im Gegensatz zu Frauenhäusern – akzeptiert oder gar als „normal" legitimiert. Neben einer übersteigerten Form konservativer Familienpolitik, die das Projekt der Gleichberechtigung prinzipiell ablehnt, gehören Sexismus, Antifeminismus und Frauenfeindlichkeit zur ideologischen Grundausstattung des Rechtsextremismus. Durch die Schritt für Schritt erfolgte rechtliche Besserstellung der Frau fühlen sich rechtsextreme Männer offenbar in ihrer ehemals unumstrittenen Autorität bedroht, verlieren sie doch in diesem Prozess ihre tradierten Privilegien.

Gemeinsam mit vergleichbaren Aussagen der Soziobiologie liegt hier ein Schlüssel zur Erklärung der Männerdominanz in rechtsextremen Zusammenschlüssen. Während derlei Ideologeme für das weibliche Geschlecht scheinbar nicht funktional sind, bietet die biologistische Basis rechtsextremer Politik den Männern ein geeignetes Forum, ihren überkommenen Rollenvorstellungen Ausdruck zu verleihen. Aber auch manche Frauen reden einem solchen Familienbild das Wort. Für jene Frauen, die sich einer rechtsextremen Partei anschließen, bildet die freiwillige Unterordnung gegenüber dem männlichen Führungspersonal eine unabdingbare Voraussetzung. Daneben existiert eine weibliche Minderheit, die sich nicht auf ihre Mutterrolle reduzieren lassen will und sich genauso militant und gewaltbereit zeigt wie ihre männlichen „Kameraden".[25]

Autoritarismus und Militarismus: Wie die „Volksgemeinschaft" herumkommandiert werden soll

Biologismus, Sozialdarwinismus und Sexismus lassen die in Klassengesellschaften bestehende Ungleichheit als „natürlich" erscheinen, Autoritarismus und Militarismus bieten hingegen Modelle für die künftige „Volksgemeinschaft". Wenn man der Vorstellung anhängt, dass sich die Stärkeren im Kampf ums Dasein gegenüber den Schwächeren durchsetzen (sollen), liegt es nahe, im Krieg die Krönung dieses existenziellen Ringens zu sehen. Militär, Krieg und Gewalt werden zu Instrumenten der Evolution und damit von sozialdarwinistischen Lehren gerechtfertigt.[26]

Autoritarismus, Militarismus und Gewalt weisen einen inneren Zusammenhang auf und stellen auch meist *einen* Handlungsstrang dar. Autoritarismus nennt man eine Persönlichkeitsstruktur, die aus repressiver Erziehung hervorgeht und sich in reaktionärem Denken, der Übernahme von Vorurteilen und rechtsextremen Argumentationsfiguren ausdrückt bzw. ausdrücken kann. Soziale, ökonomische und kulturelle Krisenerfahrungen verstärken ängstlich-aggressive Verhaltensmuster. Die klassische Theorie der Autoritären Persönlichkeit entwickelten Theodor W. Adorno und andere in die USA emigrierte Mitarbeiter des Frankfurter Instituts für Sozialforschung.[27] Sie weist auf eine starke Affinität der Mittelschichten hin. Ein gängiges Bild ist das eines Radfahrers, der „nach oben buckelt und nach unten tritt". Ängstlich gegenüber Autoritäten, lenkt die autoritäre Persönlichkeit selbst erfahrene Demütigungen aggressiv gegen Schwächere, d.h. in der sozialen Hierarchie unter ihr Stehende, um. Diese „Sündenbockmentalität" verschärft sich in Zeiten eines schnellen sozialen Wandels und tief greifender Modernisierungsprozesse.

Autoritarismus bezeichnet ein recht vielschichtiges Ordnungs- und Herrschaftsprinzip und zielt im Kern auf die Spielregeln einer Gesellschaft mit eindeutigen Hierarchien patriarchaler Prägung. Im Zentrum der Ausbildung autoritärer Persönlichkeiten steht wiederum die familiäre Rollenverteilung. Der im Stadium (früh) kindlicher Sozialisation erworbene Charakter beruht auf dem tradierten Erziehungsmodell, wonach Väter aufgrund ihre Machtposition von ihren Kindern Gehorsam einfordern. Im Autoritarismus entscheidet allein die Stärke, außerhalb der Familie die gesellschaftliche Position über solche Abhängigkeitsverhältnisse. Prinzipiell wirkt eine einmal erworbene Persönlichkeit vor allem in zwei Richtungen: Zum einen wird im Rahmen *autoritärer Unterwürfigkeit* die unhinterfragte Anerkennung der väterlichen Machtposition verlangt. Der Vater selbst wiederum dürfte im gesellschaftlichen und Berufsleben gezwungen sein, ihm höher gestellte Autoritäten zu akzeptieren. Psychoanalytiker/innen gehen davon aus, dass die dadurch erfahrene Machtlosigkeit sich als *autoritäre Aggression* vor allem gegenüber den eigenen Kindern entlädt. Wegen der Verknüpfung des autoritären Syndroms mit dem gesellschaftlichen Status ist dieses Prinzip primär als kleinbürgerliches Erziehungsideal beschrieben worden. Kritiker/innen wenden häufig ein, dass dieses im Rahmen gesellschaftlicher Modernisierung heute keine Rolle mehr spiele, jedoch ist zu bedenken, dass für jemanden, der nach autoritären Grundsätzen erzogen wurde, einige Anstrengungen erforderlich sind, in der Rolle als Erzieher auf autoritäre Reflexe zu verzichten, denn Disziplin und Pflichterfüllung genießen dort einen weitaus höheren Stellenwert als Freiheit und Selbstverwirklichung. Hingegen wird das Fehlen einer autonomen Persönlichkeit nicht als Defizit wahrgenommen.[28]

Für die Studien zum autoritären Charakter war im und nach dem Zweiten Weltkrieg die Frage nach dem Zusammenhang zwischen autoritärer Erziehung und der Anfälligkeit für die faschistische Ideologie von besonderem Interesse. Auf die aktuelle Diskussion über den Rechtsextremismus bezogen, werden die damaligen Forschungsresultate relativiert: Zum einen gilt das früher allgemein verbindliche autoritäre Erziehungsmodell weitgehend als obsolet. Zwar steigt die Bereitschaft zur Zustimmung gegenüber antidemokratischer Politik unter den Bedingungen autoritärer Erziehung; andererseits wird nicht mehr vom individuellen Charakterprofil allein auf ein entsprechendes politisches Orientierungsmuster geschlossen, sondern das soziale Umfeld stärker berücksichtigt.

Als politisches Projekt weist Autoritarismus zugleich auf das bevorzugte Staatsmodell hin. Die extreme Rechte befürwortet einen starken, durchgreifenden Staat, der sich gegenüber allem, was fremd, neu und somit bedrohlich erscheint, durchsetzen kann. Dazu soll die nationale Führungselite mit exklusiven Beschlussrechten ausgestattet, das Parlament indes – beispielsweise zugunsten von Volksabstimmungen – substanziell geschwächt werden;

es handelt sich um eine Art „Demokratur", ohne die sich die Fiktion der Herstellung einer ethnisch homogenen „Volksgemeinschaft" nicht aufrechterhalten ließe.

Autoritarismus in diesem Sinne meint ein obrigkeitsstaatliches Denken, Untertanenmentalität und Führer-Gefolgschafts-Verhältnisse, kurz: das Gegenteil einer demokratischen Gesinnung, welche die Grundrechte und die Menschenwürde über das nationale Kollektiv stellt. Im Mittelpunkt des rechtsextremen Politikverständnisses steht der starke Staat (Etatismus, Zentralismus) als organische Handlungsform der Nation bzw. der starke Mann (Führer, Diktator), nicht die Demokratie mit ihren Partizipationsmöglichkeiten für mündige Bürger/innen.[29]

Militarismus, der allgemein die Überbetonung und Verehrung alles Militärischen bezeichnet, existiert unabhängig vom Rechtsextremismus, der aber eine große Affinität zu dieser Ideologie aufweist. Das dürfte auch einer der Gründe dafür sein, dass Rechtsextremisten von der Bundeswehr, der Polizei und anderen Sicherheitskräften (des Staates), die Uniformen tragen und Schusswaffen benutzen dürfen, geradezu magisch angezogen werden. Hieraus wiederum resultiert, dass solche Institutionen mehr als andere öffentliches Aufsehen wegen rechtsextremer Umtriebe erregen.[30] (Preußische) Manneszucht und (soldatische) Disziplin, Treue und Ehrbewusstsein, Pflichterfüllung, Gehorsam und Opferbereitschaft sind „typisch deutsche" bzw. sog. Sekundärtugenden, die ideale Anknüpfungspunkte für Rechtsextremisten/Neofaschisten bieten.

Gerade eine so aggressive Ideologie wie die des Rechtsextremismus mit seiner fanatischen Freund-Feind-Fixierung hat das militärische Prinzip verinnerlicht: Es reicht von der Kriegsverherrlichung deutschtümelnder Soldatenverbände (Alte Rechte) über Geschichtsrevisionen wie die Leugnung deutscher Schuld am Ausbruch des Zweiten Weltkrieges oder des Holocaust (sog. Neue Rechte) bis zur Uniformierung heranwachsender Neonazis und zu rechtsextremen Tendenzen in der Bundeswehr, mit Abstrichen auch in der Polizei und beim Bundesgrenzschutz. Sämtliche Beispiele weisen darauf hin, wie sehr das Militärische als entscheidende positive Autorität gilt, die eine Ordnung rechtsextremer Prägung zu gewährleisten hat. Das Recht liegt dann im Zweifelsfall immer beim Stärkeren. Nibelungentreue bzw. blinde Loyalität wird zur höchsten soldatischen Tugend stilisiert. Diese Opferbereitschaft im Dienst der imaginierten „Volksgemeinschaft" ist heute vermehrt bei jüngeren Neonazis und rechten Skinheads als „nationalrevolutionär" orientierten Straßenkämpfern zu entdecken.

Zwar wird die Staatsautorität des verhassten liberalen Systems zusehends weniger anerkannt, ursächlich hierfür sind aber Zweifel, ob Polizei und Justiz hart genug durchgreifen gegen das, was Rechtsextremisten als *wirkliche* Missstände begreifen („multikriminelle Gesellschaft"). Dort, wo nach dieser Logik der Staatsapparat versagt, wird die gewaltförmige Bekämpfung „des Fremden" zur ersten Bürgerpflicht. Mit einem legitimen Sicherheitsbedürfnis haben solche Feindpsychosen und Pauschalverurteilungen ganzer Ethnien/Menschengruppen allerdings nicht viel gemein.

Prinzipiell sind sämtliche Kräfte des Rechtsextremismus der Gewaltausübung oder der Bereitschaft zur und Befürwortung von Gewalt (jenseits des staatlichen Gewaltmonopols) verdächtig. Dies besagt zumindest die Definition des Verfassungsschutzes, wonach „extrem" bzw. „extremistisch" den Willen beinhaltet, politische Ziele auch mit aggressiv-kämpferischen Mitteln durchzusetzen.

Seriell gewordene gewalttätige Übergriffe erheischen seit Jahren weit mehr Medieninteresse und damit öffentliche Aufmerksamkeit als ihre geistigen Urheber. Ohne das Handeln strukturierende, autoritäre Wurzeln würde sich die Gewalt, die mittlerweile nahezu unumstritten als Hauptproblem des Rechtsextremismus gilt, jedoch nicht ständig gezielt gegen dieselben Opfergruppen richten. Während der Biologismus, der Sozialdarwinismus und der Sexismus ein in sich geschlossenes Glaubenssystem bilden, das die Ungleichwertigkeit der einzelnen Menschen plausibel macht, beschreiben der Autoritarismus, der (Para-)Militarismus und die organisierte Gewalt ein in sich verschränktes Handlungssystem. Die stereotype Vorurteilsstruktur autoritärer und militärisch fixierter Charaktere wirkt dabei als Mittel zur Herabsetzung von Hemmschwellen gegenüber der Gewalt. So bildet der Autoritarismus eine Konstante und Gewalt die Variable, deren kollektive Anwendung davon abhängt, ob sie politisch opportun erscheint.

Parteien und Organisationen

Die Entwicklungsgeschichte der rechtsextremen Gruppierungen lässt sich unter Rückgriff auf ein in der Fachliteratur häufig verwendetes Drei- oder Vier-Wellen-Modell beschreiben, dessen Spitzen die jeweiligen Wahlerfolge des ultrarechten Spektrums in mehreren Phasen nach 1945 markieren.

Lediglich in organisatorischer Hinsicht kann bezüglich des Rechtsextremismus nach 1945 von einer „Stunde Null" die Rede sein, denn bis 1949 unterlagen Parteien im Nachkriegsdeutschland einem Lizenzzwang seitens der Alliierten. Nach dessen Aufhebung unternahm die Sozialistische Reichspartei (SRP) den Versuch einer Reorganisierung der NSDAP. Sie konnte einzelne Erfolge verbuchen, die sich jedoch auf Norddeutschland und dort wiederum auf die kommunale bzw. Landesebene beschränkten. Besonders die Verfechtung der großdeutschen Reichsidee ließ das Bundesverfassungsgericht 1952 zu einem viel beachteten Urteil über die Verfassungswidrigkeit der SRP kommen. Die detaillierte Begründung des Verbotes wird noch heute als verbindlicher juristischer Maßstab betrachtet. Es traf im Grunde eine in sich bereits tief zerstrittene Partei alter Nazis, deren Wahlerfolge sich in engen Grenzen hielten. Bemerkenswert ist der relative Misserfolg wegen des beachtlichen Potenzials einer postnazistischen Partei nach 1945. Innerhalb der Bevölkerung gab es genügend politisch heimatlos gewordene Überzeugungstäter. Zudem trafen die entlassenen deutschen Kriegsgefangenen auf eine mit immenser Arbeitslosigkeit verbundene marode Ökonomie. So ist das abrupte Ende dieser ersten Mobilisierungswelle vor allem auf den damals noch sehr lebendigen Eindruck des Elends zurückzuführen, das der Hitlerfaschismus verursacht hatte.

Die zweite Erfolgswelle des Rechtsextremismus begann, als die Nationaldemokratische Partei Deutschlands (NPD) im Gefolge der Rezession 1966/67 in sieben Landtage der Bundesrepublik einzog, und endete 1971 mit dem Ausscheiden aus diesen, nachdem man 1969 das Ziel des Einzugs in den Bundestag mit 4,3 Prozent der Zweitstimmen nur knapp verfehlt hatte. Auch wenn die NPD seither bei Wahlen in der Regel erfolglos blieb, handelt es sich bei ihr um die traditionsreichste Partei des rechtsextremen Spektrums. Sie vertritt eine Ideologie des völkischen Nationalismus, der sich zunächst außenpolitisch gegen die Vertragswerke zur Europäischen Gemeinschaft und später gegen die „68er" bzw. die Außerparlamentarische Opposition (APO) richtete. Erst in den frühen 70er-Jahren kam mit der Forderung nach einem Anwerbestopp für „Gastarbeiter" der Widerstand gegen Arbeitsmigrant(inn)en und deren Niederlassungsneigung hinzu.

Zog bereits die NPD ihre Lehren aus dem SRP-Verbot und passte das Parteiprogramm sowie ihre Agitation und Propaganda den demokratischen Minimalanforderungen an, so gilt dies noch mehr für alle späteren rechtsextremen Gründungen. Während der langen Latenzphase – damit ist die Zeit parlamentarischer Abwesenheit und relativ geringen öffentlichen Interesses an rechtsextremen Strukturen gemeint – von 1970 bis zur Mitte der 80er-Jahre entzog sich kaum eine Organisation dieser „Scheindemokratisierung". Darüber hinaus reagierte man teilweise auch auf gesellschaftliche Trends mit taktischen Modernisierungen, beispielsweise durch die rechte Besetzung des Themas „Schutz der Umwelt".

Die dritte, noch andauernde Phase rechtsextremer Wahlerfolge begann nicht erst mit der deutschen Wiedervereinigung, sondern bereits Mitte der 80er-Jahre, als die neu gegründeten REPublikaner und die seit 1987 als Wahlliste zusammen mit der NPD kandidierende Deutsche Volksunion (DVU) parlamentarische Erfolge für sich verbuchen konnten. Der (trotz zeitweiliger Einbrüche) lange Zeitraum rechtsextremer Wahlerfolge deutet an, dass sich die aktuelle Mobilisierungswelle fundamental von den beiden vorangegangenen unterscheidet. Dies gilt einerseits bezüglich der Binnenstruktur des organisierten Rechtsextremismus, etwa im Hinblick auf die Ausdifferenzierung in drei miteinander konkurrierende Parteien anstelle einer „nationalen Sammlungsbewegung"; andererseits stellt die parallele rassistisch motivierte Gewaltentwicklung ein historisches Novum dar. Auch sind die äußeren Faktoren zu beachten, zu denen nicht nur die Wiedervereinigung und die damit verbundenen sozialen Verwerfungen und Ungleichzeitigkeiten gehören, sondern auch eine gesellschaftliche Krise, die sich in einer konstant hohen Arbeitslosigkeit und der Entstehung neuer Armut ausdrückt.[31] Diese sozialen Entwicklungen bedingen einen steigenden Legitimitätsdruck für die demokratischen Parteien (Glaubwürdigkeitskrise der großen Volksparteien sowie „Politiker-" bzw. „Parteienverdrossenheit"). Es empfiehlt sich also, rechtsextreme Tendenzen nicht nur unter dem Gesichtspunkt ihrer Kontinuität nach 1945 zu betrachten, sondern die oben genannten Bedingungen gebührend zu berücksichtigen.

Gelten nach Kategorisierung des Verfassungsschutzes NPD, DVU und REPublikaner als rechtsextremistisch, so werden ihre Wähler/innen (die meisten davon sind Männer) in Wissenschaft und Politik oft anders bewertet. Gerade aufgrund der stets kurzen Wahlerfolge seien sie mehr als „Protestwähler" zu umschreiben, die den etablierten Parteien einen „Denkzettel verpassen" wollen. Dass sich in dem Votum sowohl politische Unzufriedenheit wie auch rechtsextreme Gesinnungen abbilden, scheint jedoch inzwischen empirisch gesichert.[32] Das gesamte Stimmenpotenzial des Rechtsextremismus zu „Protestwählern" zu stilisieren ist sowenig angebracht wie die Behauptung, jene Wähler hätten sich dauerhaft aus dem demokratischen Gefüge verabschiedet.

Anders als zum Beispiel in Frankreich oder Österreich konkurrieren in Deutschland gleich drei Parteien um Wählergunst und Parlamentssitze. Auch punktuelle Wahlabsprachen zwischen NPD und DVU sowie REPublikanern und DVU können nicht darüber hinwegtäuschen, dass sich das rechtsextreme Lager heute zersplittert präsentiert. Sämtliche Bestrebungen, diesen Zustand durch neue Sammlungsbewegungen zu überwinden, hatten bisher eher den gegenteiligen Effekt. Außerdem fehlt es an einer charismatischen Führungspersönlichkeit à la Jörg Haider, die in der Lage wäre, das „nationale Lager" über Parteigrenzen hinweg zu einen. In dieser Hinsicht stehen sich die drei Parteien also selbst im Weg,[33] was umso erstaunlicher ist, als sie sich in ideologischer bzw. programmatischer Hinsicht kaum voneinander unterscheiden. Tatsächlich zeigt der Umstand, dass es während der langen dritten Welle seit Mitte der 80er-Jahre (manche Autoren lassen sie 1989/90 enden und sprechen nunmehr von einer vierten) bis heute zu keiner Bündelung der rechtsextremen Kräfte gekommen ist, eine grundlegende Paradoxie auf. Gemäß ihrer Ideologie, die sich ja gerade in der Vorrangstellung des Volkes bzw. der Nation vor Einzelinteressen von den demokratischen Parteien abhebt, ist diese Zersplitterung nach ihren eigenen Kriterien eigentlich „volksfeindlich".

Nationaldemokratische Partei Deutschlands (NPD)

Gegründet wurde die NPD am 14. November 1964 auf maßgebliche Initiative Friedrich Thielens als „nationale Sammlungsbewegung". Sie trat dabei als Nachfolgerin von kleineren Parteien wie der Deutschen Reichspartei (DRP) und der aufgelösten Sozialistischen Reichspartei (SRP) in Erscheinung, weshalb sich auch die Biografien vieler ihrer Funktionäre in die Zeit der NSDAP vor 1945 zurückverfolgen ließen. Neben diesem *post*faschistischen Anteil gab es zudem *Neo*faschisten, die schon aus Altersgründen nicht mehr in die Verbrechen des NS-Regimes verstrickt waren. Thielen als gutbürgerlicher Unternehmer und ehemaliges CDU-Mitglied und Adolf von Thadden, der zuvor in der DRP aktiv war, bemühten sich anfangs sehr um ein national-konservatives Image und wollten erklärtermaßen überzeugte Nationalsozialisten aus der NPD verbannt wissen.

Nachdem sich schon bald erste parlamentarische Erfolge auf Landesebene zeigten, stellte sich heraus, dass Postfaschisten in der Öffentlichkeit wesentlich moderater auftraten als Neofaschisten. Den Anspruch einer „nationalen Sammlungsbewegung" suchte die NPD zunächst mit einer prowestlichen Haltung und einer Zustimmung zur europäischen Einigung zu verbinden. Kurze Zeit später setzte sie sich jedoch bereits für einen Nationalneutralismus ein, der Deutschland jenseits der beiden Machtblöcke verankern wollte.[34] Zum nationalistischen Standardrepertoire gehörten allgemein gehaltene Forderungen nach einer Rückbesinnung auf deutsche Kultur, Werte und Wiedervereinigung ebenso wie eine Schlussstrichmentalität, die sich in einer Ablehnung der Vergangenheitsbewältigung äußerte.

Zunächst war die programmatische Ausrichtung der NPD noch relativ unverbindlich. So befürwortete die Partei eine Rückkehr zum starken Staat, schlug sich auf die Seite der Bauern und des Mittelstandes, setzte sich für die Volksgesundheit ebenso ein wie für den Schutz der Jugend vor unmoralischen Einflüssen. Von Beginn an erhob sie darüber hinaus die Forderung nach der Wiederherstellung Großdeutschlands und der Leugnung einer deutschen Kollektivschuld.[35] Sehr früh reagierte man ablehnend auf die massenhafte Anwerbung ausländischer Arbeitskräfte, wegen des 1967 noch dringenden Bedarfs und unter den Bedingungen annähernder Vollbeschäftigung zunächst jedoch eher pragmatisch moderat. Zu Beginn der 70er-Jahre verschaffte sich die NPD ein entschiedeneres antimarxistisches Profil als Gegengewicht zur antiautoritären Bewegung. Kurze Zeit später nahm sie zusätzlich Grundsatzfragen auf, den Status von Ausländern in der BRD und die Ökologiefrage betreffend. Häufig wurden sogar beide Themen miteinander verknüpft. Der eigentliche Lernprozess gipfelte in einem formalen Bekenntnis zur parlamentarischen Demokratie, obwohl die Agitation gegenüber dem „volksfeindlichen" Liberalismus nicht zu übersehen war.

Bei der Bundestagswahl 1965 erzielte die junge NPD einen Achtungserfolg mit 2,1 Prozent der Stimmen. Durch den Aufbau flächendeckender Kreisverbände erhielt die Partei eine solide Struktur. In den Jahren 1966 bis 1969 zog die NPD in sieben Landesparlamente ein, was dem rechtsextremen Lager bis heute nie wieder gelang. Dabei spielte die wirtschaftliche Rezession 1966/67 der NPD ebenso in die Hände wie die gleichzeitige Bildung einer Großen Koalition auf Bundesebene. Zudem nahm die NPD eine unerbittliche Haltung gegenüber der sich formierenden Außerparlamentarischen Opposition (APO) ein, womit sie dem ausgeprägten Bedürfnis vieler Bundesbürger/innen nach „Ruhe und Ordnung" entsprach. Ferner muss berücksichtigt werden, dass die NPD zwar überzeugte Nationalsozialisten in ihren Reihen hatte, was aber zu einer umfassenden Charakterisierung der Partei keineswegs ausreichte, obwohl ihre schärfsten Kritiker dies behaupteten. Ihre Mitgliederzahl verdoppelte sich 1966 im Vergleich zum Vorjahr annähernd auf 26 000 und erreichte mit 28 000 (1969) den historischen Höchststand.[36]

Besonders aufgrund der Etablierung in den meisten Landtagen und der Unzufriedenheit mit der Großen Koalition galten die Chancen der aufstrebenden NPD auf den Einzug in den Bundestag 1969 als überaus gut. Einen nicht unwesentlichen Beitrag zum knappen Scheitern, das erst nach mehreren einander widersprechenden Hochrechnungen feststand, leistete der höchst skandalöse Auftritt des NPD-Ordnerdienstes, der – in Nahkampftechniken geschult – die Wahlkampfveranstaltungen schützen sollte, die ständig durch massive Gegendemonstrationen behindert wurden. Tatsächlich kam es aus seinen Reihen heraus jedoch immer wieder zu brutalen Übergriffen, die das Bild der NPD als einer Streiterin für Ruhe und Ordnung konterkarierten.[37]

Das Wirken der NPD in der parlamentarischen Arena folgte einer anderen Logik. Dort agierte sie sehr viel moderater und suchte sich als konstruktive Opposition bzw. als nationale Alternative zu profilieren. Die Mandatsträger wurden angewiesen, ihre Agitation der veränderten politischen Lage anzupassen und eindeutige Bezugnahmen auf den Nationalsozialismus zu vermeiden. In der zeitgenössischen Literatur wurde diese Taktik zuweilen als „angepasster Faschismus" bezeichnet. Die schärfsten Redebeiträge von NPD-Parlamentariern behandelten im antikommunistischen und antiamerikanischen Sinne verwertbare Themen, die ordnungspolitisch verknüpft wurden mit dem Bedrohungsszenario einer dekadenten und sittlich degenerierten Jugend, die sich in eine Drogen-Scheinwelt flüchte. Rechtspopulismus war der NPD fremd; sie forderte die Wiederherstellung einer überwundenen Autorität, die nur mit unpopulären Mitteln zu erreichen sei.[38]

Die Ablösung der Großen durch die sozial-liberale Koalition nach der Bundestagswahl 1969 und daraus erwachsende Möglichkeit für die CDU, sich als Oppositionspartei besonders im Kampf gegen die Ost- und Deutschlandpolitik Willy Brandts nach rechtsaußen zu öffnen, führten zu einem erdrutschartigen Niedergang der NPD. Sie verlor sämtliche Landtagsmandate und konnte sich auch bei späteren Wahlen außer auf der kommunalen Ebene nicht mehr in Szene setzen. Innerparteilich hatte es zuvor bereits einen Machtkampf zwischen von Thadden und Thielen gegeben, der die NPD nach seiner Niederlage verließ. 1971 wiederum legte von Thadden den Parteivorsitz nieder, als die Kritik am gemäßigten Kurs auf erbitterten Widerstand stieß und Abspaltungen nach sich zog. Sein Abgang bereitete den Weg für einen politischen Generationswechsel und eine Radikalisierung der Partei in den Folgejahren.

Maßgeblich diese Rückentwicklung zur Splittergruppe veränderte das Wesen der NPD nachhaltig: Sie begriff sich immer weniger als Wahlpartei und fungierte stattdessen als Aktionsplattform neofaschistischer Gruppen. Auch von dem in ihren eigenen Reihen höchst umstrittenen punktuellen Zusammenschluss mit der DVU zum Wahlbündnis „Liste D“ am 5. März 1987 profitierte die NPD weit weniger als ihre Partnerin.

Wegen des Schrumpfens auf zwischenzeitlich unter 4000 Mitglieder und angesichts ihrer völligen Bedeutungslosigkeit als Wahlpartei von vielen Experten totgesagt, machte die NPD jedoch spätestens als Auffangbecken für die Mitte der 90er-Jahre verbotenen Neonazi-Organisationen und sonstigen militanten Nachwuchs sowie durch die damit verbundene Wandlung zu einem Aktionsforum wieder spektakulär auf sich aufmerksam. Erfolg und Misserfolg hängen seither bei der NPD weniger von Wahlergebnissen als von außerparlamentarischen Mobilisierungsbilanzen ab.

Neben der Integration des aktionistischen und gewaltbereiten Teils der rechtsextremen Szene, die letztlich die Diskussion um ein Verbot angeschoben hat, bemüht sich die NPD aktuell mehr als alle anderen Rechtsparteien um eine demagogische Verbindung völkisch-nationalistischer Positionen mit pseudosozialistischem Gedankengut. So lautet einer ihrer Kundgebungsslogans: „Arbeit für Millionen statt Profite für Millionäre!“ Es bleibt fraglich, ob solche Parolen tatsächlich einen innerparteilichen Kurswechsel signalisieren oder für die taktische Wende zwei andere Aspekte ausschlaggebend sind: das Bemühen um ein originelles Profil im rechtsextremen Parteienspektrum und die Hoffnung, damit einen größeren Teil der ostdeutschen PDS-Wähler/innen zu erreichen.

Das organisatorische Ziel des 1996 zum Parteivorsitzenden avancierten Bundeswehrhauptmanns Udo Voigt bestand im Umbau der NPD zu einer Kaderpartei und im Aufbau einer „Nationalen Außerparlamentarischen Opposition“ (NAPO), wohingegen die Beteiligung an Wahlen von untergeordneter Bedeutung war. Zwar wird das Image der NPD vor allem durch eine Vielzahl von Demonstrationen geprägt, auf denen militante Neonazis und

Skinheads den Ton angeben. Diese Aktivitäten bilden als „Kampf um die Straße“ aber bloß den Kernbestandteil eines strategischen Drei-Säulen-Konzepts, das durch den „Kampf um die Köpfe“ und den „Kampf um die Parlamente“ komplettiert wird.[39] Mittlerweile tummeln sich in der NPD so skurrile Gestalten wie der ehemalige RAF-Anwalt und verurteilte Linksterrorist Horst Mahler, der kruden Antisemitismus propagiert.

Auch das Parteiprogramm von 1996 unterscheidet sich nicht wesentlich von seinen Vorläufern. Die NPD sieht sich darin exklusiv dem deutschen Volk bzw. der deutschen Familie verpflichtet. Sie fordert ein freies Unternehmertum, das soziale Verpflichtungen hat. Das halbherzige Bekenntnis zur Sozialpolitik ist rigoros völkisch: Asylbewerber/innen und Ausländer/innen sollen von sämtlichen Transferleistungen ausgeschlossen werden. Die Anwesenheit ausländischer Arbeitskräfte wird als moderne Sklaverei bezeichnet und Integrationspolitik als völkerverachtend. Abermals fordert die NPD eine „vollständige“ Wiedervereinigung und die Beendigung der einseitigen Schuldzuweisung in Bezug auf die Kriegsschuldfrage um eines neuen nationalen Selbst- und Geschichtsbewusstseins willen.[40]

Mit den 1972 gegründeten *Jungen Nationaldemokraten* (JN) verfügt die NPD ferner über eine Jugendorganisation mit derzeit etwa 500 Mitgliedern, die nach der Öffnung für Gruppen der Neonazi-Szene im Verein mit der Mutterpartei für den „Nationalen Widerstand“ auf der Straße mobilisiert. Da die NPD zentralistisch geführt wird, besitzt ihre Nachwuchsriege kein eigenständiges Profil. Vielmehr beschränken sich deren Aktivitäten größtenteils auf Kundgebungen und Aufmärsche, bei denen Neonazis inzwischen zum normalen Erscheinungsbild gehören. Seit dem 30. Januar 2001 liegt dem Bundesverfassungsgericht ein Verbotsantrag gegen die NPD vor, den Bundesregierung, -tag und -rat mit unterschiedlicher Begründung gestellt haben.[41] Das höchste deutsche Gericht nahm den Antrag an und lud die Prozessbeteiligten zu mehrtägigen mündlichen Verhandlungen im Februar 2002, setzte das

Verfahren aber kurz vorher aus, nachdem bekannt geworden war, dass sich unter den als Zeugen geladenen NPD-Funktionären (mindestens) ein V-Mann des Verfassungsschutzes befand.

Deutsche Volksunion (DVU)

Die DVU ging aus einer Reihe nationalistischer, militaristischer und geschichtsrevisionistischer Vereine hervor, die bereits seit 1971 existierten.[42] Ursprünglich plante der Vorsitzende Dr. Gerhard Frey keine Parteigründung, sondern hoffte, die CSU würde bundesweit kandidieren.[43] 1987 unter dem Namen „Deutsche Volksunion – Liste D“ (Liste D) in München gegründet, firmierte die Partei bald nur noch als DVU.[44] Während der 90er-Jahre avancierte die DVU unter dem Verleger und Multimillionär, der sie im Stile eines Konzernchefs zu führen pflegt, zur mitgliederstärksten Partei des ultrarechten Spektrums. Allerdings hängt dies maßgeblich mit der aktuellen Bindungsschwäche des gesamten rechten Lagers zusammen, denn die Anzahl von 17 000 Mitgliedern entspricht gerade mal der Hälfte dessen, was die REPublikaner zu ihren besten Zeiten aufwiesen. Diese Zahlen basieren jedoch auf Schätzungen; hinzu kommt, dass aufgrund der Eingliederung der ursprünglichen DVU-Vereine von einem hohen Anteil passiver Mitglieder („Karteileichen“) ausgegangen werden muss. Aufgrund der immensen Finanzkraft Freys vermag die DVU gleichwohl Wahlkämpfe zu führen, deren Etat höher ist als jener der beiden großen Volksparteien zusammen. Auf diese Weise ist sie in der Lage, Erfolge zu erzielen, ohne auch nur ansatzweise kontinuierliche Parteiarbeit vor Ort zu leisten oder Büros zu unterhalten.

Durch die mit einer Auflage von 45 000 Exemplaren erscheinende „National-Zeitung/Deutsche Wochenzeitung“ (NZ/DWZ) versteht es Frey, Gesinnung und Beruf profitabel miteinander zu verbinden.[45] Neben der Hetze gegen „Asylbetrüger“ und Berichten über „Ausländerkriminalität“ finden sich darin Artikel, die vor

„Überfremdung“ und „Umvolkung“ warnen, sowie Beiträge, die nicht dem NS-Regime, sondern den Juden die Schuld dafür geben, dass Deutschland ständig „auf die NS-Vergangenheit festgelegt“ werde. Zu den antisemitischen Weltverschwörungstheorien, die wieder aufgewärmt werden, passen auch Relativierungen des angeblich „übertrieben dargestellten“ Holocaust und die Zurückweisung vermeintlicher Hetzkampagnen gegen „national Denkende“ bzw. „verfassungstreue Rechte“.

Bis zu der Landtagswahl in Sachsen-Anhalt am 26. April 1998, bei welcher die DVU mit 12,9 Prozent der Stimmen ihr bestes Ergebnis erzielte, waren ihre Erfolge auf nördliche Bundesländer im Westen wie Schleswig-Holstein und Bremen beschränkt. In der Hansestadt zog 1987 (wegen des Überspringens der 5-Prozent-Hürde in Bremerhaven) mit Hans Altermann erstmals nach rund 20 Jahren wieder ein Rechtsextremer in einen Landtag ein. Nach der Bürgerschaftswahl vier Jahre später war die DVU, die kurz zuvor ihre Zusammenarbeit mit der NPD aufgekündigt hatte, mit einer 6-köpfigen Fraktion (6,2 Prozent der Stimmen) im Parlament des kleinsten Bundeslandes vertreten. Mit 6,3 Prozent verbuchte sie 1992 ein ganz ähnliches Ergebnis in Schleswig-Holstein. Innerhalb beider Fraktionen kam es schon bald zu Erosionsprozessen, Spaltungstendenzen und Auflösungserscheinungen, denen Zerwürfnisse einzelner Parlamentarier mit Frey zugrunde lagen, der „seine“ Abgeordneten wie Marionetten behandelt. Zu diesem Führungsstil passt, dass alle DVU-Fraktionen von der Münchener Parteizentrale aus ferngesteuert wurden. Es gab einen regen Faxverkehr über zu stellende Anfragen, Anträge und ihre Begründungen, wobei die DVU in den Landtag von Schleswig-Holstein derart viele Initiativen einbrachte, dass sie dessen Arbeit teilweise zu blockieren drohte.[46]

Die Stoßrichtung des parlamentarischen Wirkens der DVU entspricht ihren Wahlkämpfen und zielt auf eine nationalistische bzw. rassistische Bearbeitung solcher Themen wie „Asylmissbrauch“, „Ausländerkriminalität“ bzw. „-rückführung“, „Erhalt der D-Mark“, „Nein zur EU“ etc. Dabei argumentiert man auf der parlamentarischen Ebene in aller Regel nicht so radikal wie in der NZ/DWZ. Werden die Ausländer nicht pauschal angegriffen, unterteilt man sie – ähnlich wie der bayerische Innenminister Günther Beckstein (CSU) – in gesetzeskonform lebende und kriminelle. Über soziale Ursachen, die der Kriminalität unabhängig von der Herkunft der Straftäter zugrunde liegen, schweigt sich die DVU aus. In der Wirtschafts- und Sozialpolitik hat die DVU kein eigenständiges Profil, sondern beschränkt sich auf destruktive Kritik an den demokratischen Parteien.

Wohl vor allem, weil man die Agitation gegen „Scheinasylanten“ und „Wirtschaftsflüchtlinge“ nach dem Asylkompromiss unverändert weiter betrieb und sich der veränderten Wirklichkeit nicht oder nur ungenügend anpasste, misslang den norddeutschen DVU-Fraktionen der Wiedereinzug in die Parlamente. Zwar scheiterte die DVU auch bei der Wahl zur Hamburger Bürgerschaft 1993 mit 2,8 Prozent deutlich, verhinderte allerdings den Einzug der REPublikaner, auf die 4,8 Prozent der Stimmen entfielen. Diese offensichtliche gegenseitige Behinderung der rechtsextremen Parteien führte später zu ersten Wahlabsprachen zwischen den Vorsitzenden.

Die Wahlkämpfe der DVU veränderten sich im Laufe der Jahre kaum: Mit dumpfen Parolen wie „Deutschland den Deutschen!“ oder „Schluß mit der Asylkriminalität!“ versteht es die DVU wie keine Formation sonst, nationalistische Haltungen und rassistische Ressentiments innerhalb der Bevölkerung in Wahlerfolge umzumünzen. Die Wahlkampfstrategie ist denkbar einfach: Ausländer werden mit Kriminellen gleichgesetzt (multikulturelle Gesellschaft = multikriminelle Gesellschaft), und die verhassten demokratischen Parteien gelten mal als korrupt und mal als „deutschenfeindlich“ oder „antinational“.

Dem legalistischen Bekenntnis zur demokratischen Grundordnung folgen die Maßnahmen zur Bewahrung der „nationalen Identität“. Darunter fallen die Begrenzung des Ausländeranteils, die Beschleunigung von Asylverfahren und die Ausweisung krimineller Ausländer. Analog zum NPD-Programm fordert die DVU sowohl den Anschluss der ehemaligen deutschen Ostgebiete wie auch eine Abkehr von der Vergangenheitsbewältigung. Auch Vorbehalte gegenüber der Europäischen Union haben ihren Platz, indem der Verlust nationaler Souveränität und die drohende Auflösung Deutschlands in einen „Vielvölkerstaat" beklagt werden.

Eine prägnante Besonderheit stellt die Auswahl der Spitzenkandidaten für die Landeslisten dar. Bis auf wenige Ausnahmen wählt die Parteizentrale bzw. Frey selbst Personen aus, die zuvor noch nicht politisch in Erscheinung getreten sind und lediglich den „kleinen Mann" auf der Straße verkörpern sollen. Wahrscheinlich erfüllt diese Taktik eine Doppelfunktion: Zum einen sind die DVU-Abgeordneten dadurch leichter steuerbar, was ihre Parlamentsarbeit betrifft, und zum anderen werden innerhalb der zentralistisch geführten Partei interne Konflikte vermieden. Einige der 16 DVU-Mandatsträger in Sachsen-Anhalt waren zudem durch negative Schlagzeilen aufgefallen, z.B. durch Stasi-Mitarbeit, Hakenkreuz-Schmierereien, Tierquälerei oder Bedrohung der Ehefrau mit einer Gaspistole.[47]

Anders als die NPD verstand und versteht sich die DVU als Fundamentalopposition. Zwar werden ihre Mandatsträger bzw. Fraktionen fast durchgängig als inkompetent, faul und politikunfähig beschrieben, diese Charakterisierung reicht aber zu einer Würdigung von deren parlamentarischer Tätigkeit bei weitem nicht aus. Wohl gestaltet sich die Fraktionsarbeit aufgrund der bewussten Auswahl politisch unerfahrener Kandidaten in hohem Maße unprofessionell, doch fragt es sich, ob herkömmliche Bewertungsmaßstäbe gerade für solche Parlamentarier tatsächlich angebracht sind. Allein die Kandidatenauswahl lässt bereits darauf schließen, dass es den DVU-Fraktionen hauptsächlich um die Artikulation ihrer Gesinnung und die Provokation der demokratischen Parteien geht. Der eigentliche Erfolg kann hier gar nicht von einer konstruktiven Mitarbeit abhängig gemacht werden, sondern besteht in der Möglichkeit, als demokratisch gewählte Plattform rassistische und nationalistische Grundüberzeugungen zu verbreiten und dabei Ausländer/innen und Asylbewerber/innen für soziale Probleme wie Arbeitslosigkeit und Kriminalitätsentwicklung verantwortlich zu machen. Wenn sich innerhalb dieser klassisch rechten Themen dann noch eine Annäherung in der Problemsicht gegenüber demokratischen Fraktionen ergibt, die an einer Reintegration des rechten Wählerpotenzials interessiert sind, ist das Erfolg genug. Ansonsten profitiert vom Abstimmungsverhalten der DVU-Fraktionen meist die CDU. Durch die Steuerung der Aktivitäten über die Münchener Parteizentrale ist die Parlamentsarbeit derart vorbestimmt, dass sie sich von einem Bundesland zum anderen gleicht, denn die Stoßrichtung der Anträge ist nicht auf die Länder zugeschnitten, sondern in der Regel bundespolitischer Art.

Es hat sich gezeigt, dass die DVU zwar die derzeit erfolgreichste Kraft des Rechtsextremismus ist, herkömmlichen Ansichten, wie eine Partei aufgebaut sein sollte, jedoch keinesfalls entspricht. Innerparteiliche Demokratie scheint mit dem Machtgebaren Gerhard Freys schwerlich vereinbar. Die Taktik, Politlaien zu Kandidaten zu machen, die als Abgeordnete unfrei agieren und leichter zu handhaben sind, ist auch im rechten Lager einzigartig. Aber nicht die Kandidatenlisten entscheiden über den Einzug in ein Parlament, sondern die Resonanz der Bevölkerung auf die rassistischen und nationalistischen Wahlplakate der DVU.

REPublikaner

Die REPublikaner wurden am 26. November 1983 auf Initiative der beiden abtrünnigen CSU-Bundestagsabgeordneten Ekkehard Voigt und Franz Handlos sowie Franz Schönhubers gegründet. Vor allem die Vermittlerrolle von Franz Josef Strauß bei der Gewährung eines Milliardenkredits an die DDR stieß auf ihren erbitterten Widerstand, weil sie dem CSU-Parteiprogramm widersprach.[48] Aus den für die extreme Rechte fast typischen Machtkonflikten ging Schönhuber, der als Redakteur des Bayerischen Rundfunks durch ein Buch über seine Erlebnisse bei der Waffen-SS untragbar geworden war, 1985 als unumstrittener Parteivorsitzender hervor, während Handlos und zunächst auch Voigt resigniert die REPublikaner verließen. 1987 überstand Schönhuber weitere parteiinterne Auseinandersetzungen mit Kritikern, die ihm Personenkult und Diktaturgelüste vorwarfen, durch 300 Parteiausschlüsse. Gleichzeitig erfolgte eine Radikalisierung, weil der Antisemitismus neben der (groß)deutschen Wiedervereinigung und der Rückführung ausländischer Arbeitskräfte in ihre Heimatländer breiten Raum in Schönhubers Agitation einnahm.

Die REPublikaner bemühten sich von Beginn an um ein Parteiprogramm, das nicht eindeutig rechtsextremen Traditionslinien zugeordnet werden können sollte, sondern zumindest vordergründig auch Stilelemente des demokratischen Konservatismus beinhaltete. Hauptagitationsfelder bildeten die Frontstellung gegen die angebliche „Überfremdung" und den „Ausverkauf deutscher Interessen" im Rahmen der EU-Politik. Zudem zielten die REPublikaner auf eine Revitalisierung der „nationalen Identität", die – befreit von Schuld, Niederlage und Fremdbestimmung – zur „ethnisch homogenen Volksgemeinschaft" sowie zu einem starken, autoritär geprägten Staat führen soll. Als ein zentrales Gründungsmotiv kann die Wiederherstellung Deutschlands in den Grenzen von 1937 gelten; zudem spielte das Konzept des „Ethnopluralismus", wonach Volk und Nation deckungsgleich sein sollen, eine tragende Rolle. Mittels dieses rhetorischen Kunstgriffs lässt sich beispielsweise das Ziel der „Ausländerrückführung" als das „Recht der Türken auf ihre eigene Heimat" darstellen. Aufgrund ihrer relativen programmatischen Offenheit waren die REPublikaner in der Lage, ihre Feindbilder zu variieren und den Stimmungslagen in der Bevölkerung anzupassen. So nehmen z.B. die Themen „Islamismus", „Terrorismus" und „Innere Sicherheit" nicht erst seit dem 11. September 2001 breiten Raum ein. Ausgehend von der „historischen Mission" einer „selbstbewußten Nation" als Zielprojektion ihrer deutschlandpolitischen Konzeption, streben die REPublikaner auch eine ganz andere Verfassungswirklichkeit mit „Reichstag, Reichsregierung und starkem Reichspräsidenten" an.[49]

Nach einigen Achtungserfolgen auf kommunaler und Landesebene übersprangen die REPublikaner im Januar 1989 bei der Wahl zum (West-)Berliner Abgeordnetenhaus erstmals die 5-Prozent-Hürde. Mittels eines Werbespots, der mit dem Titelsong des Films „Spiel mir das Lied vom Tod!" unterlegte Bilder türkischer Kinder zeigte, erregten sie erhebliches Aufsehen und konnten anschließend 7,5 Prozent der Stimmen auf sich vereinen. Noch im selben Jahr erreichten sie bei der Europawahl mit 7,1 Prozent der Stimmen ein weiteres sensationell hohes Ergebnis, während NPD und DVU weit abgeschlagen waren. Ausschlaggebend hierfür dürfte der um die Partei veranstaltete Medienrummel nach der Berlin-Wahl gewesen sein.[50]

Durch die doppelte Wahlkampfkostenerstattung gesundeten die REPublikaner finanziell und konnten den Aufbau ihrer Parteiorganisation vorantreiben. Trotzdem ließen weitere Erfolge auf sich warten, bis die REPublikaner am 5. April 1992 in Baden-Württemberg gleich 10,9 Prozent der abgegebenen gültigen Stimmen erhielten und aufgrund der Bildung einer Großen Koalition im Stuttgarter Landtag zur stärksten Oppositionspartei wurden. Als Fraktionschef der 15-köpfigen Riege fungierte mit Dr. Rolf Schlierer ein alerter Rechtsanwalt nationalkonservativer Prägung, der Schönhubers erklärter Kronprinz war.

Wer geglaubt hatte, nach der Wiedervereinigung sei den rechtsextremen Parteien nicht nur das Lieblingsthema, sondern auch die Existenzfähigkeit abhanden gekommen, sah sich gründlich getäuscht. Nachdem schon in Berlin die Bündelung rassistischer Stimmungen den REP-Wahlkampf geprägt hatte, verließ sich die Partei nun ganz auf das Thema „Asyl" bzw. die „Ausländerfrage" als wichtigste innenpolitische Kontroverse. 1996 gelang den REPublikanern das im rechtsextremen Lager einmalige Kunststück, mit 9,1 Prozent der Stimmen die Fraktionsstärke zu erhalten. Basis dieses Erfolgs bildeten die Unzufriedenheit vieler Wähler/innen mit der Großen Koalition sowie die von Schlierer betriebene Säuberung der Fraktion von Hardlinern. Obwohl es für die REPublikaner so aussah, als sei ihnen ein entscheidender Schritt in Richtung der parlamentarischen Etablierung gelungen und Schlierers erklärtes Ziel, Juniorpartner in einer „Haselnuss-Fraktion" mit der CDU realistischer denn je anmutete, setzte ein allmählicher, bis heute nicht gestoppter Niedergang ein, der im März 2001 schließlich auch zum Ausscheiden aus dem Landtag von Baden-Württemberg führte.

Dem Wechsel im Bundesvorsitz der REPublikaner ging ein Eklat voraus: Schönhuber traf sich im Vorfeld der Bundestagswahl 1994 mit Frey, um gegenseitige Blockaden wie bei der Hamburger Bürgerschaftswahl ein Jahr zuvor möglichst zu vermeiden. Damit trat er allerdings früher gefasste Unvereinbarkeitsbeschlüsse seiner eigenen Partei gegenüber der rechtsextremen Konkurrenz mit Füßen. Dies führte Schönhubers gerichtlich noch einmal rückgängig gemachte Absetzung herbei und dann zur baldigen Wahl Schlierers.

Gegenwärtig scheint das vergleichsweise gemäßigte Image der REPublikaner eher Last als Vorteil im Kampf um Anhänger und Stimmen zu sein. Obwohl sie es verstanden haben, flächendeckende Parteistrukturen und Gliederungen wie z.B. eine Jugendorganisation und einen Hochschulverband aufzubauen, sind von den einstmals weit über 30 000 REP-Mitgliedern nur noch 13 000 geblieben. Hinzu kommen erhebliche Mobilisierungsschwierigkeiten in den ostdeutschen Bundesländern, die viel mehr soziale Probleme als das prosperierende Baden-Württemberg haben. Offenbar entspricht Schlierers Taktik, sich konservativ, aber nicht rechtsextrem, und national, aber nicht nationalistisch zu gerieren, heutigen Wählertrends nicht mehr. Um die Partei, der noch vor wenigen Jahren eine klare Vormachtstellung gegenüber DVU und NPD eingeräumt wurde, scheint es schlecht bestellt.

Verbotene Organisationen

Nach den pogromartigen Übergriffen in Hoyerswerda und Rostock-Lichtenhagen fiel das von der CDU/CSU/FDP-Regierung vermittelte Bild fremdenfeindlicher Einzeltäter wie ein Kartenhaus in sich zusammen. Der dadurch entstandene Handlungsdruck führte 1992 zu einer Verbotsoffensive gegenüber kleinen, aber eindeutig neonazistischen Gruppierungen. Besonders der Zeitpunkt dieser Reaktion auf die rassistische Terrorwelle lässt vermuten, dass mit ihr primär dem Verlust deutschen Ansehens im Ausland entgegengewirkt werden sollte, was in Parlamentsdebatten eine große Rolle spielte.[51] Verbote können jedoch nur dann nachhaltig wirken, wenn sie von einer politischen Aufklärungsoffensive flankiert werden. Die feststellbare Tabuisierung des organisierten und gewaltbereiten Rechtsextremismus, der eine ständige Gefahr für Leib und Leben jener darstellt, die aus gefährdeten Weltgegenden Schutz in Deutschland gesucht haben, scheint dazu kaum in der Lage. Verbote sollten nicht als Ende, sondern als Beginn einer öffentlichen Thematisierung begriffen werden.

Bis zu seinem Tod war Michael Kühnen, im eigenen Lager wegen seiner Homosexualität nicht ganz unumstritten, anerkannter Hauptakteur bei der Organisierung des neonazistischen Milieus. Dessen ehemalige Kerngruppierung, die schon 1977 gebildete „Aktionsfront Nationale Sozialisten“ (ANS), bestand aus nur wenigen Mitgliedern, die sich jedoch öffentlichkeitswirksam in Szene setzten, wobei sie u.a. den Holocaust leugneten und „Gerechtigkeit für Hitler“ forderten.[52] Kühnen wurde zwar des Öfteren inhaftiert, seine ideologische Führungsrolle behielt er aber dennoch. Nachdem die ANS sich 1983 mit anderen Gruppierungen zur „ANS/Nationale Aktivisten" zusammengetan hatte und auf 270 Mitglieder angewachsen war, wurde sie verboten. Ein Großteil von Kühnens Anhängern folgte seinem Aufruf, mit ihm in die Freiheitliche Deutsche Arbeiterpartei (FAP) überzuwechseln, wodurch diese 1987 auf 500 Mitglieder anwuchs. Anschließend kam es zu einem Spaltungsprozess, der die FAP zur Bedeutungslosigkeit verurteilte, bis ihr 1995 der Parteistatus entzogen wurde und sie wegen verfassungswidriger Propaganda verboten wurde.

Unmittelbar nach der Maueröffnung kam es zu einer regelrechten Gründungswelle zahlenmäßig meist überschaubarer Gruppen, die im Laufe der 90er-Jahre vom Bundesinnenminister verboten wurden bzw. sich vorher selbst auflösten. Die neonazistischen Gruppen gaben sich Namen wie „Nationalistische Front" (NF), „Nationale Liste" (NL), „Nationale Offensive" (NO), „Nationale Alternative" (NA) und „Deutsche Allianz" (DA). Letztere wurde mit 350 Mitgliedern zur stärksten einschlägigen Organisation in den neuen Ländern. Die NL verfolgte im Rahmen einer „Anti-Antifa"-Kampagne das doppelte Ziel, mittels systematisch gesammelter Daten politische Gegner gezielt zu bekämpfen und über die gemeinsame Feindorientierung die Vernetzung der Neonazi-Szene zu forcieren. Die NA fand Unterschlupf in einem besetzten Ostberliner Haus, von wo aus sie mit beachtlichem Erfolg Skinheads und Neonazis rekrutierte. Die NO (140 Mitglieder) hatte ihren Schwerpunkt in Sachsen, die NF (130 Mitglieder) in den alten Bundesländern.[53]

Die ideologische Ausrichtung der einzelnen Organisationen ist kaum voneinander zu unterscheiden. Während das Eintreten für einen autoritären, nationalsozialistischen Staat, die Herstellung einer Volksgemeinschaft nach rassistischen Prinzipien, Antisemitismus und das Leugnen des Holocaust zu den traditionellen Propaganda-Themen gehören, sind seit den 90er-Jahren auch vergleichsweise „moderne" Töne zu hören, die sich aus der Wiedervereinigung ergeben haben. So hat die soziale bis pseudosozialistische Agitation (mit völkischer Diktion) vornehmlich auf Kundgebungen im Osten mittlerweile ebenso wie der Kampf gegen die Globalisierung und Drogen einen hohen Stellenwert.

Zwei Beispiele sollen noch einmal die Verschiedenartigkeit der Organisationen veranschaulichen: Mit der Wiking-Jugend wurde Ende 1994 ein 400 Mitglieder zählender Verein aufgelöst, der bereits seit 1952 bestand und trotz seiner neonazistischen Ausrichtung nach außen hin eher an die frühen Jugendbünde erinnerte. In der Begründung des Verbotes wurde die Wesensverwandtschaft mit der „Hitlerjugend" (HJ) betont. Im Juni 2000 wurde die von einem NPD-Funktionär gegründete Gruppe „Skinheads Sächsische Schweiz" (SSS) verboten, die mit ihren 50 Mitgliedern, ohne Ausnahme wohlsituierten Bürgern, Ordnerdienste für die NPD geleistet und ein ansehnliches Waffenarsenal zusammengetragen hatte.[54]

Verbote solcher Gruppierungen führen immer auch zu Umstrukturierungen und Reorganisationen. In den 80er-Jahren gab es innerhalb des neonazistischen Lagers noch die Spaltung in Verehrer und Verachter Hitlers (wegen seines Bündnisses mit dem Großkapital). Fraktionierungen, persönliche Animositäten und Rivalitäten haben trotz oder gerade wegen der Verbote sichtlich abgenommen. Gleichzeitig ist es nach der Maueröffnung gelungen, einen beträchtlichen Teil der rechtsextremen Skinheads unter Verzicht auf ihre dogmatische Überforderung in die Neonazi-Szene einzubinden.[55] Die Zahl rechtsextremer Skinheads steigt seit Jahren kontinuierlich an, ebenfalls unbeeindruckt von staatlichen Repressionsmaßnahmen gegen deren Organisationen, Druckerzeugnisse (Fanzines) und Musikvertriebe. Allein die Zahl gewaltbereiter Skinheads beträgt heute rund 10 000, davon über die Hälfte in den neuen Bundesländern. Davon, ob sich diese Kreise für eine engere Kooperation mit den Neonazis zur Verfügung stellen, dürfte die künftige Gewaltentwicklung maßgeblich abhängen.

Nach dem Tod von Michael Kühnen im April 1991 traten die beiden Hamburger Neonazis Christian Worch und Thomas Wulff seine Nachfolge an. Sie bemühen sich darum, die Szene, der man heute insgesamt 2200 Personen zurechnet, trotz energischeren Vorgehens des Staates vor dem Zerfall zu bewahren. Gegenwärtig ist der überwiegende Teil ihrer Anhänger in sog. Freien Kameradschaften tätig, deren Vernetzung das „Nationale und Soziale Aktionsbündnis Norddeutschland“ organisiert. Mit der Bildung von sog. Freien, Autonomen oder Nationalistischen Kameradschaften reagierte die harte Neonazi-Szene auf die Verbotswelle der 90er-Jahre. Es handelt sich um Zusammenschlüsse von fünf bis 20 vorwiegend jüngeren männlichen Neonazis, die nur teilweise eine Satzung oder einen vereinsmäßigen Aufbau besitzen. Mittels ihrer eher informellen Struktur entziehen sich die über 150 regional untereinander vernetzten Kameradschaften weitgehend einer Beobachtung durch den Staats- bzw. Verfassungsschutz. Im Unterschied zu rechten Skinheads verfügen Neonazis über eine größere Handlungsbandbreite und treten zumindest bei öffentlichen Aufmärschen bewusst diszipliniert auf, um als „anständige Deutsche“ Pluspunkte innerhalb der Bevölkerung zu sammeln. Diese Form der Anbiederung geht so weit, dass man als „netter Nazi von nebenan“ auch schon mal Spielplätze reinigt, Hausaufgabenhilfe leistet, die Blumen verreister Nachbarn gießt oder Einkäufe für ältere Mitbürger/innen erledigt.[56] Kameradschaftsmitglieder haben in der Regel ein gefestigtes neonazistisches Weltbild und zeigen eine ausgeprägte Bereitschaft zur politischen Aktion. Von offizieller Seite wird angesichts einer partiell zu beobachtenden Hortung von Waffen befürchtet, es könne zu einer steigenden Militanz aus der Szene heraus kommen, zumal das kameradschaftliche Selbstbild beinhaltet, einer besonders entschlossenen und opferbereiten Gruppierung anzugehören.[57]

Für die relative Attraktivität solcher „Freien Kameradschaften“ gibt es noch andere Gründe. Die Bereitschaft zur Mitgliedschaft in straff gegliederten Organisationen liegt zusehends weniger im Trend – vornehmlich die ostdeutschen Bundesländer gelten als ausgesprochen „organisationsmüde" –, weil die damit verbundene Einfügung in feste, hierarchische Strukturen dem Autonomiestreben der meisten Jugendlichen zuwiderläuft. In einer neonazistischen Kleingruppe muss man sich höchstens dem Kameradschaftsführer unterordnen, während die Kameraden untereinander gleichberechtigt sind. So gesehen bieten die Freien Kameradschaften gerade für rechtsextreme Neueinsteiger ein „niedrigschwelliges" Angebot, mit Gleichgesinnten in Kontakt zu treten, zwar organisiert zu sein, aber kaum Gefahr zu laufen, dass Entscheidungen über Aktionen anderswo getroffen werden.

Gleichwohl sind personelle Überschneidungen zwischen Kameradschaften und NPD bzw. JN dokumentiert. Die nahezu völlige Deckungsgleichheit auf der politisch-ideologischen Ebene (Ablehnung der parlamentarischen Demokratie, Systemüberwindung, Hetze gegen Fremdgruppen und die Bereitschaft, für diese Ziele auch mit Gewalt einzutreten) bildet den Grundpfeiler der Zusammenarbeit. Die NPD genießt unter Neonazis wegen ihrer aktivistischen Ausrichtung hohes Ansehen, sodass der „Nationale Widerstand" auf Demonstrationen auch gemeinsam marschiert. Im Falle eines vom Bundesverfassungsgericht verfügten Verbotes von NPD und JN würde das Konzept der sog. Freien Kameradschaften zweifellos eine noch größere Anziehungskraft auf ihre (jüngeren) Mitglieder ausüben.

Die sog. Neue Rechte, ihre Netzwerke und Medien

Um neuere Entwicklungstendenzen innerhalb bzw. am Rande des Rechtsextremismus von seinen traditionellen Formen abzuheben, wurde der Begriff „Neue Rechte" eingeführt. Die Unterscheidung zwischen einer „alten" und einer „neuen" Rechten blieb aber selbst unter Fachleuten umstritten. So beliebt und verbreitet der Terminus „Neue Rechte“ ist, so schwammig und schillernd erscheint dieser Begriff, wenn man ihn einer kritischen Analyse unterzieht. Armin Pfahl-Traughber hat eine Liste zusammengestellt, die alle wichtigen, einander teilweise überlappenden Definitionsvarianten enthält,[58] jedoch noch um seinen eigenen Ansatz ergänzt werden muss. Dann lassen sich folgende Positionen unterscheiden, die mehr oder weniger inhaltsleer, missverständlich und/oder historisch überholt sind, wenn sie „Neue Rechte“ als Bezeichnung verwenden für:

- rechtsextreme Gruppen, die sich nach 1945 von Hitler und seinem NS-Regime distanzierten, ohne damit eine Abkehr vom Faschismus zu verbinden;[59]
- nationalrevolutionäre bzw. Strömungen des Rechtsextremismus, die einen Dritten Weg zwischen Kapitalismus und Kommunismus, zwischen Materialismus und Idealismus, zwischen Ost und West beschreiten wollten;[60]
- eine Richtung des Rechtsextremismus, die – zuerst als „Nouvelle Droite“ in Frankreich – einen Strategiewechsel vornahm und sich gemäß der Hegemonietheorie des italienischen Marxisten Antonio Gramsci unter Berücksichtigung von Erfahrungen der Neuen Linken um die kulturelle Meinungsführerschaft in der Gesellschaft bemühte, bevor man nach der Staatsmacht greifen zu können glaubte; damit ging nicht nur eine Schwerpunktverschiebung vom alten, biologistischen (Kolonial-)Rassismus zum „differenzialistischen“ Kultur- bzw. Neorassismus, sondern auch eine Modernisierung der politischen Theorie einher, die zum Konzept des „Ethnopluralismus“ führte, das sich wiederum mit der Strategie eines „Befreiungsnationalismus“ unterdrückter Völker bzw. Volksgruppen verband;[61]
- eine Strömung der US-amerikanischen Republikaner, die als „New Republicans“ seit den 70er-Jahren nicht nur die Grand Old Party verändert, sondern darüber hinaus eine Restauration, als „Revolution gegen den (Wohlfahrts-)Staat“ und Kampf gegen die Zentralregierung (das „Big Government“) in Washington

begriffen, eingeleitet hat, wobei sie mit der christlichen Fundamentalopposition durchaus harmoniert;[62]

- in jüngerer Zeit entstandene rechtsextreme Parteien, etwa die von Claus Leggewie mit diesem Etikett versehenen REPublikaner;[63]
- Kritiker der seinerzeitigen CDU/CSU/FDP-Koalition, die – von der Parteiförmigkeit des Nationalkonservatismus abgestoßen – lockere Zusammenschlüsse, intellektuelle Zirkel und publizistische Netzwerke in der „Grauzone" zwischen Rechtsextremismus und Konservatismus bildeten und sie als „Scharnier" nutzten, das diese beiden Geistesströmungen miteinander verbindet, aber gleichzeitig auch voneinander abgrenzt;[64]
- jenes „Brückenspektrum" am Rand des Rechtsextremismus zum Konservatismus, das sich auf die Vertreter der „Konservativen Revolution" bezieht.[65]

Im Unterschied zu dem Hamburger Politikwissenschaftler Wolfgang Gessenharter, der die Neue Rechte zwischen Rechtsextremismus und Konservatismus verortet, betont Armin Pfahl-Traughber weniger die politisch-ideologische bzw. publizistische Eigenständigkeit der Neuen Rechten als vielmehr ihre Stoßrichtung gegen den demokratischen Verfassungsstaat. Für ihn bildet die Neue Rechte nur ein ideologisches Segment innerhalb des rechtsextremen „Brückenspektrums", das auf der politischen Ebene die Verbindung zum Konservatismus herstellt.

Den Terminus „Neue Rechte" verwendet er als Sammelbezeichnung für eine geistig-intellektuelle Strömung des Rechtsextremismus, die in der Tradition der Konservativen Revolution steht.[66] Unter dieser Bezeichnung firmierten verstreute, in sich wenig homogene Diskussionszirkel, Gruppen und Publikationen, die nach dem Ersten Weltkrieg entstanden und spätestens 1933 vom Nationalsozialismus aufgesogen bzw. unterdrückt wurden. Ihre namhaftesten Vertreter waren Ernst Jünger, Edgar Julius Jung, Arthur Moeller van den Bruck, Ernst Niekisch, Carl Schmitt und

Oswald Spengler. Sie selbst bezeichneten sich als „jungkonservativ“, „nationalrevolutionär“ oder „völkisch“, stellten den Staat, das Reich oder die „Rasse“ in den Mittelpunkt ihrer Politik und waren sich nur im Kampf gegen den „westlichen Liberalismus“ einig.

Warum gerade jene Ideologievariante des Rechtsextremismus als „neu“ klassifiziert werden soll, die Gedanken aus längst vergangener Zeit – der Weimarer Republik – aufgreift und übernimmt, ohne dabei besonders kreativ zu sein und eigene Akzente zu setzen, bleibt freilich unerfindlich. Logischer wäre es da schon, solche Kräfte als „Neue Rechte“ zu bezeichnen, die durch Benutzung der sog. Neuen Medien, vor allem des Internets, viele Jugendliche erreichen und nach Meinung mancher Beobachter auch eine Gefahr eigener Qualität darstellen.[67]

Da sich innerhalb des Rechtsextremismus wie an seinen Rändern gegenwärtig Differenzierungs- bzw. Umorientierungs- und Neuformierungsprozesse abspielen, aber weder Gessenharter noch Pfahl-Traughber, die beiden Hauptkontrahenten dieser Debatte, über ein Kriterium verfügen, das geeignet wäre, die Alte und die sog. Neue Rechte inhaltlich zu klassifizieren, schlagen wir vor, die Stellung einer Partei, Organisation oder Person zum Globalisierungsprozess bzw. zur neoliberalen „Standortpolitik“ als entscheidenden Differenzpunkt zu betrachten. Als „neurechts“ wären sodann Strömungen im Rechtsextremismus selbst wie auch im politisch-ideologischen Grenzland zwischen diesem und dem Neoliberalismus zu bezeichnen, die Marktradikalismus mit Standortnationalismus kombinieren. Zur „alten Rechten“ würden hingegen nur Personen, Organisationen und Positionen zählen, die sich auf den *völkischen* Nationalismus beschränken.

Wir wollen „den nach wie vor zentralen Stellenwert des völkischen Nationalismus für die Neue Rechte in Deutschland“ nicht leugnen,[68] sondern nur stärker akzentuieren, dass sich die neoliberale Standortlogik damit amalgamiert und vor allem bei den umworbenen Wirtschaftseliten heute auf größere Akzeptanz trifft als traditionelle Ideologieelemente. Standortnationalismus lädt sich gerade im wiedervereinten Deutschland mit seiner historischen Belastung durch die NS-Vergangenheit immer noch völkisch auf.

Während die Alte Rechte auf Traditionsbewusstsein, überkommenen Werten und dem Mythos des Reiches basiert, setzt die Neue Rechte auf Innovationsbereitschaft, geistige Mobilität und den Mythos des Marktes. Nicht bloß ihre „antiliberale Grundhaltung“ à la Carl Schmitt,[69] sondern mehr noch ihre wirtschaftsliberale Grundhaltung à la Adam Smith ist für die Neue Rechte kennzeichnend. Typisch für den Umschwung war ein wirtschafts- und sozialpolitischer Paradigmawechsel, der Protektionismus durch Marktradikalismus bzw. Freihandel, die Zentralisierung der Staatsmacht durch Privatisierung bzw. Entbürokratisierung und die „Volks-“ durch die „Standortgemeinschaft“ ersetzt. Die Neue Rechte ist nicht mehr alternativlos einer völkischen Blut-und-Boden-Romantik verhaftet, sondern markt-, wettbewerbs- und leistungsorientiert. Neben einen Okkultismus und die Thule-Mythologie sind Marktideologie und „Standortology“ getreten. Außer einem „starken Mann“ gilt der „freie Markt“ als Retter der Wirtschaft, außer einem „starken“ ist der „schlanke Staat“ gefragt, was eine Stärkung von Repressionsapparaten und Kontrollbürokratien nicht ausschließt. Was die Konsequenzen der neoliberalen Modernisierung für Gesellschaft, politisches System und Sozialstaat betrifft, hält sich die Neue Rechte bedeckt, zumal sie weiß, dass ihr letztlich jede weitere Spaltung in Arm und Reich dienlich ist.

Gefahr droht damit heute weniger von einer Wiederbelebung völkischer Mystik durch Neonazis, die sich auf dem Obersalzberg treffen, zum Kyffhäuser pilgern oder ins oberfränkische Wunsiedel (Heimatort des ehemalige Hitler-Stellvertreters Rudolf Heß) wallfahrten, als von einer modernistischen Fraktion, die das Konzept der „Standortsicherung“ ohne Rücksicht auf seine unsozialen Folgewirkungen zuspitzt und dafür die Unterstützung mächtiger Wirtschaftskreise erwartet.

Der modernisierte Rechtsextremismus hat mit dem „alten“ Faschismus zwar die Grundprinzipien gemein, ist jedoch kaum vorstellbar ohne Bezug auf die Parolen des Neoliberalismus. Die rechte Wertetrias, so scheint es, bilden nicht mehr „Führer, Volk und Vaterland“, sondern Markt, Leistung und Konkurrenzfähigkeit (des Industriestandortes): Privatisierung sozialer Risiken, öffentlicher Unternehmen und Dienstleistungen, Deregulierung des Arbeitsmarktes und Flexibilisierung der Beschäftigungsverhältnisse bilden jene Zauberformel, mit der man die Zukunft des „Standortes D“ sichern will. Das altbacken klingende Wort „Volk“ braucht die sog. Neue Rechte heute überhaupt nicht mehr, um ihre Politik, Programmatik und Praxis zu begründen, zumal es immer nur eine Legitimationsbasis für die Machtansprüche kleiner, sich überlegen dünkender Minderheiten bildete.

Zwischen dem Neoliberalismus und dem modernisierten Rechtsextremismus, verkörpert durch die REPublikaner, aber auch Parteien wie die FPÖ in Österreich oder den inzwischen gespaltenen Front National in Frankreich, gibt es fließende Übergänge. Wenn man so will, bildet die ultrarechte Programmatik eine zugespitzte Variante des Marktfundamentalismus.[70] Aufgrund der Übernahme neoliberaler Ideologeme durch den Marktfundamentalismus verfügt der organisierte Rechtsextremismus erstmals nach 1945 über eine Programmatik, die weitgehend dem gesellschaftlichen Mainstream entspricht und mit Interessen (einfluss)reicher Gruppen, aber auch Strategien politischer bzw. wirtschaftlicher Führungskräfte korrespondiert.

Obwohl ihr weiterhin das Image der „Ewiggestrigen“ und der „Unbelehrbaren“ anhaftet, versucht die Neue Rechte, sich „an die Spitze des Fortschritts“ zu setzen, was deshalb möglich erscheint, weil sie im Unterschied zu den etablierten Parteien selbst die verheerendsten „Kollateralschaden“ von Marktradikalismus und Wettbewerbswahn nicht scheut, sondern die Devise „Noch mehr Markt, aber weniger Demokratie wagen!“ ausgibt. Wie die „alte“ wendet sich auch die sog. Neue Rechte sozialen und ökonomischen Fragestellungen zu, die im Zeichen der Globalisierung an Bedeutung gewinnen. „Wirtschaft und Soziales sind inzwischen das zentrale Politikfeld geworden, auf das sich programmatische Bemühungen und Agitationskampagnen fast der gesamten rechtsextremen Szene konzentrieren.“[71]

Im Grunde handelt es sich bei der sog. Neue Rechten nicht um ein dichtes Organisationsgeflecht, vielmehr eher um eine Strömung, die einerseits Bezüge zu rechtsextremen Ideologien aufweist, sich andererseits aber teilweise sogar deutlich vom Rechtsextremismus alter Prägung unterscheidet. Diese Besetzung ideologischer Grauzonen erschwert eine allgemein verbindliche und anerkannte Kategorisierung der Neuen Rechten.[72]

Begreift man die sog. Neue Rechte als eine taktische Spielart des Rechtsextremismus, führt ihr Entstehungsprozess zurück in die Mitte der 60er-Jahre, als sich vor allem nationalrevolutionäre Gruppen an einer ideologischen Erneuerung der Konservativen Revolution interessiert zeigten. Theoretische Bezugspunkte ihrer Protagonisten waren das „Volk“, die „Rasse“ und die Nation bzw. „die nationale Identität“. Als Reaktion auf die „Überfremdung“, von der sich die Neue Rechte bedroht wähnt, entwickelte man das Konzept des „Ethnopluralismus“, welches beinhaltet, dass jedes Volk einen Anspruch auf seinen angestammten Lebensraum besitzt. Gesucht wurden neue, durch Anleihen aus der Verhaltensforschung und der Soziobiologie scheinbar wissenschaftlich abgesicherte Begründungen für eine rassistische und nationalistische Politik. Diese Diskurse in Richtung der Mitte der Gesellschaft zu verbreiten ist das Hauptanliegen von Medien der Neuen Rechten.[73]

Ähnlich wie der Begriff an sich ist auch der Einfluss der Neuen Rechten umstritten. Seit Mitte der 60er-Jahre spricht man in Deutschland von der Existenz einer Neuen Rechten, die sich damals auf im Wesentlichen zwei Kleinstorganisationen beschränkte, je eine neurechte Strömung repräsentierend: die „Solidarische Volksbewegung“ (SVB) und die „Sache des Volkes/National-Revolutionäre Aufbauorganisation“ (SdV/NRAO), wobei die Bezeichnung „nationalrevolutionär" auch für die Bestrebung stand, nach links und in Richtung der aufkeimenden Ökologiebewegung zu integrieren. Beide Strömungen spalteten sich schließlich bis zur Bedeutungslosigkeit.[74]

1980 wurde mit dem „Thule-Seminar" ein Forum gegründet, das sich selbst als deutsche Version der (wesentlich erfolgreicher agierenden) Neurechten Frankreichs (Nouvelle Droite) begriff. Wenn diese Gruppe von Publizisten auch das selbst gesteckte Ziel öffentlicher Diskursfähigkeit und intellektueller Hegemonie verfehlte, so besteht ihr Erfolg in einer mitbewirkten „Erosion der Abgrenzung zwischen demokratisch-konservativen und extremistisch-rechten Intellektuellen auf publizistischer Ebene".[75]

Als bedeutendstes publizistisches Organ der sog. Neuen Rechten kann die „Junge Freiheit" (JF) gelten. 1986 als Schüler- und Studentenzeitung gegründet, erscheint sie heute in einer Druckauflage von ca. 10 000 Exemplaren wöchentlich. Die JF-Redaktion begreift sich als intellektuelle Speerspitze einer Bewegung und als theoretische Avantgarde der Neuen Rechten. Ihre subversive Strategie besteht darin, Begriffe wie „nationale Identität", „Ethnopluralismus" oder „Nation als Schutz- und Schicksalsgemeinschaft" zu besetzen und sie in den öffentlichen Diskurs einzuspeisen. Man sucht neben Exponenten des ultrarechten Lagers auch unverdächtige Prominente des rechtskonservativen Spektrums, wenn möglich sogar des rot-grünen Regierungslagers als Interviewpartner bzw. Autoren zu gewinnen. Dies gelingt der JF nach internen Auseinandersetzungen um das politische Profil und dem Ausscheiden zweier eher offen rechtsextrem eingestellter Redakteure besser. Der gemäßigtere Kurs soll dem Selbstbild als jungkonservativ entsprechen. Ähnlich wie die REPublikaner verwahrt sich die JF gegen ihre Einstufung als rechtsextrem, während sie beobachtende Verfassungsschützer trotz der demokratischen Fassade mitunter zu dem gegenteiligen Ergebnis gelangen.[76]

Was die JF von anderen Zeitungen und Zeitschriften – zum Teil auch der extremen Rechten – unterscheidet, war bzw. ist die Vernetzung mit Leserkreisen, Diskussionszirkeln in ihrem politischen Umfeld und Sommerakademien (etwa des *Studienzentrums Weikersheim* oder des *Instituts für Staatspolitik*), welche über Theorien und Strategien der Neuen Rechten diskutieren.

Die neurechten Stichwortgeber müssen nicht einmal NS-Verbrechen leugnen, um die Deutschen als „selbstbewußte Nation" zu proklamieren, teilen jedoch das „realistische Menschenbild", in dem die Triebe dominieren, mit rechtsextremen Ideologen. Bei der sog. Neuen Rechten stehen Territorial-, Dominanz- und Aggressionstrieb im Vordergrund. Sonderbar mutet an, wie sie ihre geistigen Kräfte darauf verschwendet, die Sonderstellung des Menschen unter den Lebewesen zu bestreiten, um im nächsten Schritt eine Sonderstellung für das eigene Volk oder die „weiße Rasse" zu reklamieren.

Gewalttaten, Übergriffe und militante Aktionen

Nach dem organisierten Rechtsextremismus und seinen Netzwerken soll im Folgenden die überwiegend rassistisch motivierte Gewalt behandelt werden. Dies geschieht anhand zentraler Ereignisse in Kleinstädten, deren Namen zum Inbegriff rassistischer Übergriffe geworden sind. Während rechter Straßenterror in der alten Bundesrepublik auf das Konto neofaschistischer, paramilitärischer Aktionsgruppen ging, lässt sich seit der Wiedervereinigung eine Desorganisierung bzw. Entstrukturierung dieser Gewalt verzeichnen: Die zumeist jugendlichen bzw. heranwachsenden Täter sind mehrheitlich keine Mitglieder in entsprechenden Organisationen, zumindest lose Kontakte zur rechten Szene sind gleichwohl die Regel.

Zu den gesellschaftlichen Bedingungen, die solche Gewalttaten begleiten, gehört vor allem die teilweise inszeniert wirkende Debatte um die Asylpolitik, welche zu Beginn der 90er-Jahre eine zuvor nicht für möglich gehaltene Eskalationsspirale in Gang setzte. Die Anzahl der amtlich erfassten rechtsextremen Gewalttaten schnellte 1991 auf knapp 1500 und gegenüber dem Vorjahr um das Fünfeinhalbfache hoch, erreichte 1992 mit über 2600 das bisherige Maximum und hielt sich auch nach Einschränkung des Asylgrundrechts (Art. 16 GG) im Mai 1993 auf hohem Niveau. In den Folgejahren verringerte sich das Ausmaß zwar wieder, blieb jedoch auf einem weitaus höheren Stand als noch während der 80er-Jahre (in denen sich die Zahl der registrierten Straftaten zwischen 100 und 300 jährlich bewegte). Mittlerweile lässt sich sogar wieder eine Zunahme rassistischer Gewalttaten verzeichnen. Am Anfang dieser Gewaltspirale stand eine brutale Hetzjagd auf Ausländer in Hoyerswerda, die – ebenso wie die übrigen im Folgenden dargestellten Attacken – Sympathisanten zu Nachahmungstaten inspiriert hat.

Tätertypologien in Bezug auf solche Gruppengewalt, die rund 90 Prozent der Fälle ausmacht, unterscheiden zwischen dem „Mitläufer", dem „Schlägertyp", dem rechtsextremen (ideologisch motivierten) Überzeugungstäter sowie dem „Ausländerfeind" oder Ethnozentristen.[77] Dabei dominiert der zuletzt genannte Typus, welcher ein eher diffuses Gefühl von Benachteiligung hat, das nur teilweise durch die eigene prekäre soziale Lage erklärt werden kann. Jugendliche Gewalttäter, die den Hass auf Ausländer mit organisierten Rechtsextremisten teilen, verfügen in erheblichem Maß über „normale", eher unauffällige Biografien und kommen keinesfalls allein oder überwiegend aus Milieus sozialen Elends. Fragen der Jugendjustiz oder gängige – auch wissenschaftliche – Klischees zur gesellschaftlichen Opferrolle treten in den Hintergrund, wo es um die Beschreibung der aktuellen Gewaltdynamik, deren traurige Folgen und die Verstrickung der extremen Rechten in diesen Eskalationsprozess geht. Man kann rechtsextreme Parteien für die meist unorganisierten Attacken nicht direkt haftbar machen. Neonazi-Gruppierungen und rechtsextreme Skinheads, zunehmend aber auch lose organisierte Cliquen handeln jedoch als Vollstrecker des rechtsextremen Wertekanons.

Hinsichtlich der traurigen Höhepunkte rassistischer Gewalt spielen das gesellschaftliche Klima und politisch-ideologische Stimmungslagen eine Schlüsselrolle. Die nach der Vereinigung von DDR und Bundesrepublik hysterisch geführte Debatte um die Asylpolitik ist dafür wie für Prozesse der Ethnisierung sozialer Probleme das prägnanteste Beispiel. Rechtsextreme Organisationen halten für entsprechend disponierte Personen die passenden Ideologieangebote bereit, und vor allem in Krisenzeiten steigt gewöhnlich die Nachfrage. Gewalt von rechts ist dabei kein neues Phänomen, sondern bereits aus der Frühzeit der Weimarer Republik bekannt, wo der Terror hauptsächlich den politischen Erzfeinden des Faschismus galt: Sozialisten und Kommunisten. Es waren schon damals jüngere Täter, die zunehmende Militanz ausübten und später in der SA den Straßenkampf führten.[78]

Die pogromartigen Ausschreitungen in Hoyerswerda (September 1991) und Rostock (August 1992)

Hoyerswerda und Rostock, beides Synonyme für tagelange, kollektive, rechtsextreme Attacken auf ausländische Arbeitnehmer/innen und Asylsuchende, standen weder am Anfang noch am Ende der Gewaltentwicklung nach der Wiedervereinigung. Allerdings erhielt der Terror von rechts in diesen ostdeutschen Städten aus drei Gründen eine neue Dimension:

1. gelang eine Mobilisierung von Gewalttätern über Ländergrenzen hinweg und in die organisierte Neonazi-Szene hinein;
2. reagierten die Verantwortlichen in Polizei und Politik – wenn überhaupt – hilflos, mit großer zeitlicher Verzögerung und/oder auch äußerst verständnisvoll auf den brandschatzenden Mob;
3. wurden Gewalttäter von Anwohner(inne)n umjubelt, die Bewohner der angegriffenen Heime in beiden Fällen evakuiert und die Kommunen damit „ausländerfrei“, was Rechtsextremisten nicht ohne Grund als Erfolg ihrer Bemühungen werteten.

Die kollektiven Übergriffe in der sächsischen Kleinstadt Hoyerswerda im September 1991 bildeten einen Präzedenzfall: Nach tagelangen Attacken, zunächst gegen vietnamesische Händler auf dem Flohmarkt, dann gegen einen Ausländerwohnblock und schließlich eine Asylunterkunft, an denen sich mehrere hundert Gewalttäter aus der Region und angrenzenden Bundesländern beteiligten, entschloss sich die Landesregierung, dem Druck der Straße nachgebend, die Flüchtlinge in eine andere Stadt zu verlegen.

In der Rostocker Plattenbausiedlung Lichtenhagen entstand vor den Attacken auf die dortigen Unterkünfte der Zentralen Aufnahmestelle für Asylbewerber (ZASt) eine breite Ablehnungsfront der Anwohner/innen. Trotz einer Überbelegung wurden ständig weitere Asylbewerber/innen zugeteilt. So ließ man eine Gruppe aus Rumänien geflüchteter Roma auf einem Rasen vor dem Wohnblock campieren, ohne an die Bereitstellung angemessener Sanitäreinrichtungen zu denken. Die daraus zwangsläufig resultierenden Zustände schrieben viele Rostocker/innen der Mentalität des ungeliebten „Zigeunergesindels" zu.

Eine Demonstration für die Schließung der ZASt eskalierte, als ein zum Teil angereister Mob unter dem Beifall vieler Umstehender zu Steinen und Brandsätzen griff, diese gegen die Unterkünfte warf und rassistische bzw. nationalistische Sprüche skandierte. Erst Stunden später wurde die Unterkunft, begleitet von hämischen Bemerkungen des aufgeheizten Publikums, geräumt. Derweil ging die unterbesetzte und schlecht ausgerüstete Polizei nicht gegen die Gewalttäter vor. Am darauf folgenden Abend des 24. August 1992 richtete sich der entfesselte Volkszorn gegen den Nachbarblock, in dem man bereits zu DDR-Zeiten vietnamesische Vertragsarbeitnehmer untergebracht hatte. Die Polizei schien an jenem Abend erneut unvorbereitet zu sein. Sie blieb größtenteils damit beschäftigt, sich selbst gegen Angriffe zu wehren. Die in der Unterkunft verbliebenen Vietnamesen gerieten zusammen mit dem Rostocker Ausländerbeauftragten und einem ZDF-Fernsehteam in akute Lebensgefahr und flüchteten vor den Flammen auf das Dach. An den nächsten drei Abenden wiederholte sich das Szenario mit noch mehr Gewalttätern. Mitglieder verschiedener mittlerweile verbotener Gruppierungen sollen dem Pogrom beigewohnt haben.[79]

Die vorschnelle Kapitulation der Polizei gegenüber dem Mob verhalf den Gewaltexzessen zu einer fatalen Signalwirkung, wurde doch scheinbar bewiesen, dass der Druck von rechts imstande war, „ausländerfreie Zonen" zu schaffen. Rostock-Lichtenhagen beinhaltet mehr noch als Hoyerswerda gleich eine ganze Reihe von Skandalen, die von der kritischen Öffentlichkeit so gedeutet wurden, dass die Situation eher beabsichtigt als zufällig eskalierte.[80] Nach den Ereignissen von Rostock erreichte die rassistische Gewalt einen vorläufigen neuen Höhepunkt und die Akzeptanz von Asylbewerber(inne)n einen historischen Tiefpunkt. Angesichts der teilweise Beifall klatschenden Schaulustigen und des zurückhaltenden Einsatzes der Ordnungskräfte mussten die vornehmlich jugendlichen Gewalttäter glauben, ihr Verhalten werde allseits gebilligt. Auch wurde die juristische Ahndung der Straftaten verschleppt, und es dauerte fast zehn Jahre, bis das Hauptverfahren gegen einige der mutmaßlichen Täter vor dem Landgericht Schwerin wegen versuchten Mordes, schwerer gemeinschaftlicher Brandstiftung und anderer Verstöße eröffnet wurde. Das Verhalten von Polizei und politisch Verantwortlichen war schon im Vorfeld der Übergriffe derart skandalös, dass Kritiker mitunter von einem gewollten Pogrom und unheimlichen Komplizenschaften redeten. Mit dem damaligen Innenminister Lothar Kupfer (CDU) und Polizeichef Siegfried Kordus seien zwei Hauptverantwortliche für den unangemessenen Auftritt der Ordnungskräfte genannt.[81]

Die Brandanschläge auf von Türk(inn)en bewohnte Häuser in Mölln (November 1992) und Solingen (Mai 1993)

Typisch für die rechten Gewalttaten in *West*deutschland ist, dass sie meist keinen kollektiven Übergriff eines entfesselten Mobs darstellen, sondern heimtückische Brandanschläge, die von Kleingruppen geplant und fast immer nachts durchgeführt werden. In einer Vielzahl der Fälle weisen die Täter mal mehr, mal weniger stark ausgeprägte Verbindungen, zumindest lose Kontakte zur Skinhead-Szene und weniger zu organisierten Neonazi-Gruppen auf. Zwar können empirischen Studien zufolge die Täter nicht pauschal als ideologisch gefestigte Rechtsextremisten gelten, jedoch geben die meisten vor Gericht als Tatgrund „Hass auf Ausländer" an und verhalten sich ansonsten wenig kooperativ bis destruktiv. Die öffentliche Kritik traf vor allem Urteile, bei denen das Strafmaß äußerst niedrig ausfiel. Meist handelte es sich dabei um Verfahren, wo die Täter zwar Brandsätze geworfen hatten, aber niemand zu körperlichem Schaden gekommen und keine Anklage wegen versuchten Mordes erhoben worden war.

Bei dem von zwei jugendlichen Rechtsextremisten verübten Brandanschlag in Mölln (Schleswig-Holstein) kamen im November 1992 drei Türkinnen in den Flammen ums Leben. Gegen die schon bald gefassten Täter – der jüngere war zur Tatzeit 19, der ältere 20 Jahre alt – wurden angemessen hohe Strafen (zehn Jahre Jugendhaft bzw. lebenslänglich) verhängt. Dieser Anschlag richtete sich nicht gegen Flüchtlinge, sondern gegen weitgehend integrierte Arbeitsmigrant(inn)en aus einem früheren Anwerbeland und führte zu viel beachteten Solidaritätsbekundungen, beispielsweise in Form der Münchener Menschenkette, an der sich 400 000 Personen beteiligten.

Kurz nach der Änderung des Asylrechts, die von Demonstrationen und Blockaden des Bundestages begleitet wurde, kamen am 29. Mai 1993 in Solingen drei Mädchen und zwei junge Frauen wiederum türkischer Abstammung, deren Familie schon seit über 20 Jahren in Deutschland lebte, bei einem Brandanschlag ums Leben, und ein 16-jähriger Junge überlebte das nächtliche Attentat mit schwersten Verletzungen. Zunächst ermittelte man nur gegen einen 16-Jährigen, der von den Medien als verwahrloster Einzeltäter beschrieben und als Opfer einer defizitären Erziehung präsentiert wurde. Bezüge zum organisierten Rechtsextremismus wurden verneint und stattdessen die Fehler der „antiautoritären" Erziehung des Jugendlichen in den Mittelpunkt gerückt.

Im dem Prozess lautete die Anklage auf fünffachen Mord, 14-fachen Mordversuch und schwere Brandstiftung. Zwei der vier Angeklagten, darunter drei Jugendliche und ein junger Erwachsener aus der Skinhead-Szene, legten Geständnisse ab, um diese kurz darauf wieder zu dementieren. Während des Prozesses kam der Verdacht auf, dass ermittelnde Beamte von einem der Angeklagten ein Geständnis erzwungen hätten. Solche Hinweise waren den Rechtsextremisten willkommen und wurden in deren Pamphleten dazu benutzt, die Schuld der Angeklagten und das zugrunde liegende Motiv zu leugnen sowie das Urteil als politisches Verdikt abzuqualifizieren. Die geschilderten Begleitumstände erschwerten die Verhandlung so sehr, dass die Angeklagten erst nach 18 Monaten zu zehn bzw. 15 Jahren Haft verurteilt wurden.[82]

Die beiden Anschläge von Mölln und Solingen fielen in zeitliche Nähe zu dem SPD-Beschluss, sich mit der damaligen CDU/CSU/FDP-Regierung auf den sog. Asylkompromiss zu einigen. Neben dem gewünschten Effekt, die Zahl der Asylsuchenden deutlich zu verringern, bestand auch die Hoffnung auf ein Abflauen rechtsextremer Gewalt, doch es scheint, als habe die Neuregelung eher gegenteilige Auswirkungen in der gewaltbereiten Szene gehabt.[83] Vielfach wurde auch kritisiert, dass der damalige Bundeskanzler Helmut Kohl nicht persönlich den Weg zu den Tatorten gefunden hat, um den Angehörigen der Anschläge sein Beileid auszudrücken und der türkischen Minderheit ein Zeichen der Solidarität im Kampf gegen rechten Terror zu geben. Diese Aufgabe überließ Kohl seinem Innenminister Rudolf Seiters, der in Mölln und Solingen gellende Pfeifkonzerte über sich ergehen lassen musste.

Der unaufgeklärte Brandanschlag von Lübeck, verübt in der Nacht zum 18. Januar 1996

In der Nacht zum 18. Januar 1996 – dem 125. Jahrestag der Reichsgründung – kamen bei einer Brandstiftung zehn Bewohner eines Lübecker Ausländerwohnheims ums Leben, 38 weitere wurden teils schwer verletzt. Noch während der Mordnacht und in unmittelbarer Tatortnähe griff die Polizei vier Skinheads auf, von denen drei Brandversengungen an Haaren und Augenbrauen aufwiesen. Um sich zu entlasten, erzählten die Betroffenen den Vernehmungsbeamten eine abstruse Geschichte, was zu ihrer Freilassung führte. Zwei Tage nach dem Anschlag präsentierte die Staatsanwaltschaft mit Safwan Eid einen Bewohner des Heimes als „dringend tatverdächtig". Der Libanese wurde von einem Rettungssanitäter schwer belastet, welcher bei der medizinischen Erstversorgung mehrmals den Ausruf „Wir waren es!" gehört haben wollte. In der Hoffnung, diesmal seien die Täter keine deutschen Rechtsextremisten, atmete das Land spürbar auf, weshalb sich auch kaum jemand daran störte, dass Eid die Vorwürfe von Anfang an bestritt und zu Protokoll gab, er habe höchstens „Die waren es!" gerufen und damit Neonazis gemeint. Eid wurde gleichwohl der Prozess gemacht, er musste aber mangels Beweises freigesprochen werden.

Im Juni 1998 hob der Bundesgerichtshof das Urteil auf und führte eine Neuauflage des Prozesses herbei, die im folgenden Jahr ebenfalls mit einem Freispruch endete. Polizei und Justiz gerieten in den Verdacht, zumindest einseitig ermittelt zu haben. Nach und nach kamen Fakten ans Tageslicht, die Safwan Eid als Täter ausschlossen.

Mosaikartig wurden immer neue Fahndungspannen und Vertuschungsbemühungen aufgedeckt. Zeugen erwiesen sich als zweifelhaft, Haarproben der verdächtigen Skinheads verschwanden scheinbar spurlos. Darüber hinaus wurde bekannt, dass man Safwan Eids Gespräche mit Familienangehörigen während der Untersuchungshaft – vor der Einführung des „Großen Lauschangriffs“ – widerrechtlich abgehört hatte. Dem Bundeskriminalamt lagen Protokolle der Gespräche vor, die in ihrer übersetzten Fassung einem Geständnis nahekommen. Im Prozess wurde ein zweiter Gutachter gehört, der die ursprüngliche Übersetzung anzweifelte, woraufhin der Dolmetscher erklärte, er habe die Fehler korrigiert und der Polizei übermittelt, diese jedoch keine Änderungen vorgenommen.

Inzwischen wurde auch gegen die vier Skinheads ermittelt, jedoch weniger intensiv und aufgrund der Beweislage erfolglos. Im Juni 2000 mussten sich die Betreffenden vor Gericht verantworten, wurden jedoch – möglicherweise aufgrund der Vorenthaltung von Beweismitteln – gleichfalls freigesprochen. Mit einiger Gewissheit ist es der polizeilichen Voreingenommenheit gegenüber dem Libanesen Safwan Eid anzulasten, dass der zehnfache Mord bis heute ungesühnt blieb.

Der unaufgeklärte Handgranatenanschlag von Düsseldorf, verübt am 27. Juli 2000

Am 27. Juli 2000 detonierte an einem Düsseldorfer S-Bahnhof eine ferngezündete Handgranate, durch die zehn Aussiedler/innen – russische Kontingentflüchtlinge mosaischen Glaubens – teilweise schwer verletzt wurden. Trotz der jahrelangen Arbeit einer polizeilichen Sonderkommission, großen Fahndungsaufwandes und Aussetzens einer hohen Belohnung für Hinweise, die zur Ermittlung des Täters oder der Täter führen, fehlt bislang eine heiße Spur. Wiederum liegt der Verdacht nahe, dass es sich um ein rassistisch motiviertes Attentat handelte. Angesichts sich häufender Meldungen über Waffen- und Sprengstofffunde steht zu befürchten, dass Mitglieder oder Sympathisanten rechtsextremer Gruppen künftig verbrecherische Fanale auf einem höheren technischen Niveau inszenieren werden. Gleichwohl ist vor einer Dramatisierung solcher Tendenzen als Vorboten der Gründung einer „Braunen Armee Fraktion“ zu warnen.

3. Rechtsextremismus in Ostdeutschland vor und nach der Vereinigung

Nach dem Mauerfall am 9. November 1989 bemühte sich Michael Kühnen zusammen mit anderen westdeutschen Neonazis der „Gesinnungsgemeinschaft der Neuen Front“ (GdNF), gemäß seinem „Aufbauplan Ost“ in der untergehenden DDR eine rechtsextreme Sammlungsbewegung, eine legale Wahlpartei mit dem Namen „Deutsche Alternative“ (DA) und organisatorische Strukturen für eine gesamtdeutsche Wiedergründung der NSDAP zu schaffen. „Kaum irgendwo sonst vollzieht sich die ‚innere Einheit‘ der Deutschen so rasch wie bei den Neonazis.“[1]

Bis zum 3. Oktober 1990 wurden Rechtsextremismus und rassistische Übergriffe nicht als Problem wahrgenommen, das im vereinigten Deutschland von erhöhter Bedeutung sein könnte. Nach dem Zusammenschluss von DDR und Bundesrepublik kam es jedoch in beiden Landesteilen zu einer Eskalation dieser Art politischer Gewalt: Vor allem im Osten des Landes wurden Ausländer/innen und Menschen, die man dafür hielt, nicht nur offen diskriminiert, sondern zum Teil auch attackiert. Seit der Ermordung des Angolaners Amadeu Antonio am 25. November 1990 in Eberswalde gelten die *ost*deutschen Rechtsextremisten als besonders brutal, und seit den pogromartigen Übergriffen von Hoyerswerda (September 1991) und Rostock-Lichtenhagen (August 1992) war klar, dass „Faschos“ und rechte Skinheads bei einem Großteil der früheren DDR-Bevölkerung auf Verständnis, wenn nicht Unterstützung hoffen konnten.

Fragt man nach den Besonderheiten des ostdeutschen Rechtsextremismus (sowohl vor als auch nach der Vereinigung von DDR und Bundesrepublik) sowie nach seinen spezifischen Ursachen, lassen sich die Antworten von fachwissenschaftlicher, politischer und publizistischer Seite grob in zwei Klassen einteilen:

- Die eine Richtung konzentriert sich sehr stark auf die Vergangenheit und macht das SED-Regime für den Rechtsextremismus in der DDR wie in den neuen Bundesländern verantwortlich. Patrice G. Poutrus, Jan C. Behrends und Dennis Kuck etwa heben die historischen Ursachen und aus der DDR-Geschichte rührenden Voraussetzungen des aktuellen Rassismus besonders hervor. Den von der Partei- und Staatsführung unter dem Siegel „proletarischer Internationalismus" inszenierten Freundschaftsritualen hätten die unterschiedlichsten Fremdheitserfahrungen der Bevölkerung gegenübergestanden: „Konflikte zwischen Deutschen und ‚Fremden' waren tabuisiert, daher konnte sich keine Konfliktkultur und keine gesellschaftliche Toleranz entwickeln. Vielmehr versuchte die SED, durch die Kasernierung der ‚Fremden' die Kontaktfelder zu minimieren."[2]
- Die andere Richtung sieht im gesellschaftlichen, ökonomischen und politisch-sozialen Umbruch der „Wende"-Zeit sowie in dem damit verbundenen Wandel in fast allen Lebensbereichen eine den Rechtsextremismus begünstigende Ausnahmesituation, die erklären kann, warum Nationalismus, Rassismus und Gewalt in den ostdeutschen Bundesländern explosionsartig zugenommen haben. Rechtsextremismus und Gewaltbereitschaft von Jugendlichen seien eine „zwangsläufige Folge des deutschen Einigungsprozesses", meint etwa Werner Seifert, der die Überforderung und die Anpassungsschwierigkeiten ehemaliger DDR-Bürger/innen für entscheidend im Hinblick auf Einflussgewinne rückwärts gewandter Orientierungen hält.[3]

Der zuerst genannten Erklärung darf man, sofern sie 12 Jahre nach der „Wende" und dem Bankrott des Realsozialismus in Ostmitteleuropa immer noch vertreten wird, mit Walter Friedrich politisch-ideologische Motive unterstellen: „Rechtsextremismus, Ausländerfeindlichkeit, Antisemitismus und Aggressivität werden anscheinend häufig noch deshalb dem Konto der längst verblichenen DDR zugeschrieben, weil mit solchen Stereotypen die mental-charakterliche Inferiorität der Ostdeutschen als angeblich wissenschaftlich authentisch hingestellt werden kann."[4] Die zuletzt genannte Erklärung klingt gleichfalls wenig überzeugend: Erstens entwickelten sich auch Länder nach rechts, die nicht an der Nahtstelle des Systemgegensatzes lagen, und zweitens setzte der Aufschwung rechtsextremer Parteien ein, bevor der Umbruch im Osten absehbar war. Bei den Wahlerfolgen der DVU – Liste D in Bremen (September 1987) sowie der REPublikaner in Berlin (Januar 1989) und bei der Europawahl (Juni 1989) ließ sich die herbstliche DDR-„Wende" noch nicht vorausahnen. Die soziale Verunsicherung durch unerfüllte Wohlstandserwartungen erzeugt keinen Rechtsextremismus, kann ihn jedoch verstärken und seine Anziehungskraft erhöhen.

Für sich allein greifen beide Deutungsmuster zu kurz: Ostdeutscher Rechtsextremismus ist weder nur ein Produkt der DDR-„Wende" oder der Wiedervereinigung noch ausschließlich eine politische Hypothek des SED-Regimes. Vielmehr muss die Kontinuitäts- mit der Übergangsthese kombiniert werden, will man seine Wurzeln benennen: „Rechtsextremismus speist sich im Osten zugleich aus dem autoritären (und vermutlich auch in geringerem Umfang aus dem nationalistischen und ausländerfeindlichen) Erbe des stalinistischen Staatssozialismus und aus den sozialen, wirtschaftlichen und politischen Problemen des Transformationsprozesses."[5]

Dass die Rahmenbedingungen der Vereinigung und die Begleiterscheinungen des Umbruchprozesses (Massenerwerbslosigkeit in einer „Arbeitsgesellschaft", Verarmung breiter Bevölkerungsschichten und Verödung ganzer Regionen) zu den Spezifika des ostdeutschen Rechtsextremismus gehören, ist unbestritten; dies heißt aber mitnichten, dass er durch die Herstellung der „inneren Einheit" wieder verschwindet. Der auch vor dem Mauerfall im November 1989 virulente Rechtsextremismus hat sich schon länger angekündigt und dürfte auch nicht sofort erlöschen, selbst wenn sich der Brandgeruch verziehen sollte: „Die das Glimmen übersehen haben (oder übersehen wollten), sind nun überrascht und ratlos. Sie verbreiten deshalb den Mythos des unerwarteten, plötzlichen Aufflammens seit und durch die deutsche Wiedervereinigung. Aber ein solcher ‚Mythos vom Strohfeuer' ist gefährlich, da er falsche Spuren legt und so einer tatsächlichen Auseinandersetzung im Weg steht."[6]

Hier wird folgende These vertreten: Die Vereinigung von Bundesrepublik und DDR hat die rechte Gewalt nicht hervorgebracht, sondern nur besonders günstige Wirkungsbedingungen für ihre Träger und ein politisches Klima geschaffen, in dem sie auf größere Akzeptanz traf. Symptomatisch dafür war die Entscheidung des Bundestages für Berlin als Regierungs- und Parlamentssitz: Verkörperte die Provinzidylle am Rhein die Westbindung und die Selbstbeschränkung der Bundesrepublik, so symbolisiert die alte Reichshauptstadt den deutschen Weltmachtanspruch, der für die äußerste Rechte einen historischen Fixpunkt bildet.

Politische Sozialisation, Aggression und rechte Gewalt in der (ehemaligen) DDR: Wiederkehr des „autoritären Charakters"?

Rechtsextreme Strömungen gab es schon zu den Zeiten Walter Ulbrichts und Erich Honeckers, wiewohl sie damals zwar von der Stasi (Staatssicherheit) beobachtet, aber weder richtig verstanden noch energisch bekämpft wurden. Solange sich rechtsextreme, rassistische und nationalistische Strömungen auf Massenstimmungen innerhalb der Bevölkerung stützen konnten, aber kein internationales Aufsehen erregten und die SED-Führung nicht in Verruf brachten, nahm diese davon keine Notiz. Erst mit dem Überfall rechter Skinheads auf die Besucher/innen eines Rockkonzerts in der (Ost-)Berliner Zionskirche am 17. Oktober 1987 wurde die Existenz solcher Gruppen landesweit bekannt. Insofern stellte das genannte Datum eine historische Zäsur dar und signalisierte den Übergang vom latenten zum manifesten DDR-Rechtsextremismus, ohne dass die Gleichgültigkeit des Partei- und Staatsapparates gegenüber dem Problem dadurch in gespannte Aufmerksamkeit umschlug.

Harry Waibel stellt in seiner Studie über den „Rechtsextremismus in der DDR bis 1989“ fest, dass Bürokratismus und Zentralismus dort einen idealen Nährboden für undemokratische, potenziell rechtsextreme Einstellungsmuster abgaben. „Die autoritäre Struktur der DDR, besonders wirksam gegenüber der Jugend, war nachgerade eine ihrer spezifischen Voraussetzungen, damit Jugendliche fremdenfeindliche bzw. profaschistische Einstellungen übernehmen konnten.“[7] Repressalien des MfS (Ministerium für Staatssicherheit) und soziale Kontrollmaßnahmen waren derart rigide, dass keine wirkliche Auseinandersetzung mit dem NS-Regime stattfand, sondern von oben dekretierte und ritualisierte Formen der Distanzierung (Jugendweihe, KZ-Besuche) dominierten. Gleichzeitig verhinderte die Partei- und Staatsführung eine umfassende Demokratisierung bzw. Entstalinisierung und schuf einen mit obrigkeitsstaatlichen Traditionen bzw. preußisch-deutschen Sekundärtugenden (Pflichtbewusstsein, Kadavergehorsam, Ruhe und Ordnung) durchsetzten Realsozialismus, dessen ideologische Stützen Militarismus (vom Wehrunterricht in den Schulen über Betriebskampfgruppen und die „Gesellschaft für Sport und Technik“ bis zum Stechschritt der NVA), Autoritarismus und Nationalismus genügend Anknüpfungspunkte für rechtsextreme Bestrebungen/Gruppierungen boten.

Ein historisches Schlüsseljahr für die (Auseinander-)Entwicklung der beiden Teile Deutschlands war 1968: Während sich die politische Kultur des Westens mit der Außerparlamentarischen Opposition (APO) und Erfolgen der sog. Neuen Linken für basisdemokratische Willensbildungsprozesse öffnete, signalisierte die Niederschlagung des „Prager Frühlings“ durch Truppen des Warschauer Pakts einen Rückfall des Ostens in stalinistische Unterdrückungsmethoden. Anders gesagt: Die bundesdeutsche „Kanzlerdemokratie" liberalisierte sich im Gefolge des Regierungswechsels 1969, wohingegen sich der ostdeutsche „Panzersozialismus" vorerst weiter verbarrikadierte.

In gewissem Sinn war der DDR-Rechtsextremismus ein „Vorbote der Systemkrise" (Benno Fischer), die sich schon zu Beginn der 80er-Jahre abzeichnete. Der von oben „verordnete Antifaschismus" (Ralph Giordano) wurde zur Fassade, hinter der sich ein latenter Antisemitismus (häufig in Gestalt des Antizionismus), spießbürgerliche Doppelmoral und deutschnationaler Dünkel ausbreiteten. Vertieft wurde die Kluft zwischen hehrem Anspruch und gesellschaftlicher Wirklichkeit durch Sonderrechte bzw. Privilegien für Spitzenfunktionäre der SED (Nobelwohnungen im nördlich von Berlin gelegenen Wandlitz) und Devisenbesitzer (Genex, Exquisit-Läden und Intershops mit sonst nicht erhältlichen Luxusartikeln). In der DDR dominierte eine politische (Un-)Kultur, die für abweichende Meinungen kaum Raum ließ. Das ausgeprägte Harmoniebedürfnis der meisten DDR-Bürger/innen war das Pendant zum herrschenden Konformitätsdruck, der umso stärker wirkte, als eine kritische (Gegen-)Öffentlichkeit fehlte, die falsche Entscheidungen der Partei- und Staatsbürokratie hätte korrigieren können.[8]

Die politische Kultur des „ersten Arbeiter- und Bauernstaates auf deutschem Boden" wirkt im Osten zum Teil auch heute noch nach; so zählen Kollektiverfahrungen mehr als im Westen, außerdem steht man dem bürgerlich-parlamentarischen Regierungssystem und der kapitalistischen Marktwirtschaft viel kritischer gegenüber als die „Altbundesbürger". Thomas Rausch behauptet jedoch zu Unrecht, das von den ehemaligen DDR-Bürger(inne)n favorisierte Modell der staatlichen Fürsorge, welches soziale Sicherheit über die bürgerliche Freiheit stelle, trage ausgesprochen autoritäre Züge und verschaffe den Neonazis bis heute propagandistische Erfolge: „Die in Ostdeutschland verbreitete Identifikation mit dem Paternalismus des DDR-Staats bietet der rechten Szene hervorragende Anknüpfungspunkte; neben dem rassistischen Massenbewußtsein ist die Orientierung am Modell des Fürsorgestaats DDR ein zweites wichtiges Deutungsmuster, das die Rechtsextremen aufgreifen konnten – was wohl einiges zum Erfolg rechtsextremer Interpretationen von Gesellschaft bei ostdeutschen Jugendlichen beigetragen hat."[9]

Nationalistische Tendenzen erwachten nicht erst, als im Spätherbst 1989 der Ruf „Deutschland einig Vaterland" auf Montagsdemonstrationen erscholl. Lange vorher hatte die Partei- und Staatsführung durch die Propagierung eines „Sozialismus in den Farben der DDR" den Nationalismus als Mittel der Systemintegration instrumentalisiert.[10] Eine ähnliche Wirkung hatte der „sozialistische Patriotismus", in dessen Geist das DDR-Volksbildungssystem die Jugend erzog, während das Westfernsehen die Deutschen abends vor dem Bildschirm vereinte.[11] Je weniger Rückhalt das SED-Regime innerhalb der Bevölkerung fand, umso größer wurde für seine Träger die Versuchung, den sozialen Zusammenhalt mittels Abgrenzung gegenüber den ökonomisch weniger leistungsfähigen Nachbarstaaten im Osten zu gewährleisten, wobei selbst aus dem sog. Dritten Reich überkommene Vorurteile, Klischees und Stereotype (z.B. „polnische Wirtschaft") dienlich waren.

Hans-Joachim Maaz, Chefarzt einer Psychotherapeutischen Klinik in Halle, griff nach der DDR-„Wende" 1989/90 bei seiner Erklärung des ostdeutschen Rechtsextremismus auf von Theodor W. Adorno und anderen in die USA emigrierten Wissenschaftler(inne)n des Frankfurter Instituts für Sozialforschung durchgeführte Studien zum „autoritären Charakter" zurück, die gezeigt hatten, dass Demagogen die seelische Verfassung von Menschen für politische Zwecke ausnutzen können, weil zwischen bestimmten Persönlichkeitsstrukturen und einer feindlich-aggressiven Haltung gegenüber Minderheiten ein Zusammenhang besteht. Maaz deutete die Gewalttätigkeit ostdeutscher Neonazis als Folge des „Gefühlsstaus" zu DDR-Zeiten und fehlender oder missglückter „Trauerarbeit", d.h. als Folge von Verdrängung statt wirklicher

Vergangenheitsbewältigung. Jahrzehntelang mehr schlecht als recht unterdrückte Ängste und Aggressionen entluden sich seiner Meinung nach in Überfällen ostdeutscher Skinheads auf Ausländer und verbreitetem Hass auf „Andersartige".

Den gescheiterten DDR-Sozialismus betrachtet Maaz als repressives System, das eine Entfremdung von der Natürlichkeit, eine Blockierung der Emotionalität und eine Spaltung der Persönlichkeit zur Folge hatte. Innerhalb des staatssozialistischen Herrschaftssystems kam der autoritären Erziehung neben solchen Institutionen wie der Partei, der Staatssicherheit, der Volkspolizei, der Justiz und der (Evangelischen) Kirche eine Schlüsselrolle zu. Für persönliche Kreativität, kindliche Phantasie und Bedürfnisse war wenig Platz. „Die Individualität hemmen und den eigenen Willen brechen! Dieses Prinzip wurde rücksichtslos auf allen Stufen der staatlichen Erziehung durchgesetzt."[12]

Ein knappes Jahrzehnt später erregte die daran angelehnte These des Hannoveraner Kriminologen und heutigen niedersächsischen Justizministers Christian Pfeiffer erhebliches Aufsehen, wonach rechte Gewalt in Ostdeutschland hauptsächlich auf die verfrühte Trennung der Kinder von ihren Eltern sowie den von Säuglingskrippen, Kindergärten, Schulen und Jugendorganisationen erzeugten Anpassungsdruck zurückzuführen ist.[13] Dem wurde von ehemaligen DDR-Bürger(inne)n allerdings vehement widersprochen, weil sie selbst die genannten Einrichtungen besucht hatten, ohne dadurch in der behaupteten Weise politisch vorgeprägt worden zu sein.

Peter Förster, Walter Friedrich, Harry Müller und Wilfried Schubarth wandten schon gegenüber Maaz ein, das Denkmuster, wonach der autoritäre SED-Staat deformierte Charaktere hervorgebracht hat, die sich 1989/90 in Ausländerfeindlichkeit, Nationalismus und rechtsextreme Gewalt flüchteten, simplifiziere deren Ursachen. Die genannten Verfasser der Studie „Jugend Ost. Zwischen Hoffnung und Gewalt" wiesen darauf hin, dass gerade DDR-Bürger/innen, die dem Regime aufgrund ihres höheren Alters viel länger ausgesetzt und stärker ausgeliefert waren als junge Menschen, die nur noch sein unrühmliches Ende persönlich miterlebt haben, für rechtsextreme Ideologien kaum anfällig sind. Aus vergleichenden Untersuchungen zur Einstellung ost- und westdeutscher Jugendlicher ziehen sie den Schluss, die aktuellen Lebensumstände der Menschen müssten für den Rechtstrend größeres Gewicht als die Vergangenheit haben.[14]

Detlef Oesterreich hat in einer Untersuchung von Jugendlichen in Ost- und Westdeutschland gezeigt, dass die Annahmen über autoritäre Einstellungen der DDR-Bürger/innen völlig unhaltbar sind: „Die Gesellschaft der DDR war zwar eine obrigkeitsstaatliche Gesellschaft mit vielen Restriktionen, aber sie war eine für den einzelnen überschaubare Gesellschaft. Sie war damit keine bei den Menschen überdurchschnittlich Angst erzeugende Gesellschaft, die eine verstärkte Orientierung an Autoritäten erforderlich gemacht hätte."[15] Je mehr sich jemand mit der DDR bzw. ihrem autoritären Erziehungsstil identifizierte, umso weniger anfällig war er für rechtsextreme und rassistische Einstellungsmuster.[16]

„Deutsche zweiter Klasse"? – Minderwertigkeitskomplexe und nationalistische Strömungen im „Beitrittsgebiet"

Die politisch-kulturelle Sozialisation derjenigen DDR-Bürger/innen, die während der „Wende"-Zeit und der Wiedervereinigung 1989/90 heranwuchsen, glich einer Springprozession: Zuerst hatten sie gelernt, in einer sozialistischen Planwirtschaft mit relativ großer sozialer Sicherheit, aber geringen Möglichkeiten politischer Teilhabe zu leben; anschließend mussten sie am eigenen und/oder am Leibe von Verwandten, Freunden und Bekannten erfahren, dass die kapitalistische Marktwirtschaft zwar mehr persönliche Freiheiten, Reise- und Entfaltungsmöglichkeiten, aber weniger Rückhalt durch (Arbeits-)Kollektive und soziale Sicherheitsgarantien bietet. Schon bald nach Verwirklichung der Währungsunion im Juli 1990 merkten fast alle DDR-Bürger/innen, dass die bunten Werbespots des Westfernsehens mit der Wirklichkeit nicht übereinstimmen und Marktwirtschaft sich keineswegs auf die Warenfülle der Supermärkte beschränkt, sondern mit Arbeitslosigkeit, Armut und sozialem Abstieg für einen Teil der Bevölkerung einhergeht. Das erzeugt Ängste, die sich unter bestimmten Bedingungen in steigender Aggressivität entladen können.

Der zum Teil aggressivere Rechtsextremismus im Osten Deutschlands wurzelt sowohl in Fehlern, Versäumnissen und Strukturdefekten des SED-Regimes wie in neuen, der DDR-Bevölkerung im Rahmen des Einigungsprozesses übergestülpten sozioökonomischen Verhältnissen. In der Summe begünstigten die politische Sozialisation zu DDR-Zeiten und die mindestens genauso fragwürdigen Wirkungen der Systemtransformation eine Welle rechter Gewalt. Deshalb bedarf es nicht nur eines kritischen historischen Rückblicks, sondern auch einer Analyse des gesellschaftlichen Umbruchs und der heutigen Entwicklungsperspektiven des „Beitrittsgebiets“, wenn man die wahren Hintergründe der aktuellen Rechtsentwicklung erhellen will.

Die nachholende Modernisierung führte im Laufe des gesellschaftlichen Transformationsprozesses zu einer „nachholenden Marginalisierung“ großer Teile der ostdeutschen Bevölkerung,[17] d.h. zu einem sozialen Abstieg vieler Menschen, was neben Resignations- und Rückzugs- auch politische Radikalisierungstendenzen begünstigte. Gleichzeitig bestätigte und verstärkte die Art und Weise, wie der Vereinigungsprozess vollzogen wurde, in der ehemaligen DDR seit langem verbreitete Minderwertigkeitskomplexe, die durch eine Überbetonung eigenen Deutschtums und nationalistische Abgrenzungsbemühungen kompensiert wurden.[18] Typisch dafür war ein „DM-Nationalismus“ (Jürgen Habermas), der die Stärke der neu eingeführten Währung zur Grundlage eines freilich nach wie vor labilen Selbstbewusstseins machte. Deindustrialisierung und „Kolonialisierung“ des Ostens förderten somit nicht nur die Marginalisierung, sondern auch eine Renationalisierung seiner Bewohner/innen, die weiterhin „Staatsbürger/innen zweiter Klasse“ sind. Menschen, die sich als „Fremde im eigenen Land“ fühlten, richteten ihre Aggressionen nicht gegen die neuen, aus dem Westen kommenden Machthaber, sondern gegen Schwächere: Asylsuchende und Ausländer/innen.

An die Stelle des DDR-typischen Konformismus trat nach der Vereinigung keine demokratische Diskussions- und Streitkultur, sondern eine Dominanz der Konsummentalität und des Karrierismus, wodurch sinnvolle Entwicklungsalternativen verstellt wurden. Eine gesamtdeutsche „Neugründung“ der Bundesrepublik, die von einer wirklichen Verfassungsrevision hätte begleitet sein müssen, fand nicht statt. Es sind also nicht etwa die fehlenden Erfahrungen mit demokratischen Spielregeln nach über einem halben Jahrhundert der NS-Diktatur einerseits und des SED-Regimes andererseits, welche ultrarechte, rassistische und nationalistische Strömungen bzw. Bestrebungen im Osten der Republik begünstigen, sondern gerade die tief greifenden Enttäuschungen vieler ehemaliger DDR-Bürger/innen über eine Demokratie, die ihnen weder den von westdeutschen Politikern versprochenen Wohlstand („blühende Landschaften“) noch mehr Möglichkeiten politischer Einflussnahme brachte, sondern sie – wie es scheint – oft genug ihres Arbeitsplatzes, ihrer Lebensperspektiven und ihrer sozialen Sicherheit beraubte.

Die systematische Durchkapitalisierung der ehemaligen DDR ging nicht mit einer Demokratisierung, Entmilitarisierung und Zivilisierung sämtlicher Lebensbereiche, vielmehr mit dem Verlust wichtiger Errungenschaften des Oktober/November-Umschwungs 1989 (Führungsrolle der Basisbewegungen, Bürgerkomitees und Runden Tische) einher. Der Verzicht auf die Eigenstaatlichkeit, die überstürzt eingeführte Währungsunion und der hastig betriebene Vereinigungsprozess ließen keine Erprobung alternativer Lebensstile, radikaldemokratischer Partizipationsformen und gesamtgesellschaftlicher Mitbestimmungsmodelle zu. Praktisch über Nacht wurden die Biografien der DDR-Bürger/innen entwertet, was mit dazu beitrug, dass manche Menschen die verlorene Sicherheit in einer nationalen bzw. „Volksgemeinschaft" suchten. Die wachsende Geringschätzung bundesdeutscher Institutionen des Rechts-, Wirtschafts- und Politiksystems beruht nicht nur auf schlechten Erfahrungen mit diesen, sondern mehr noch auf der Diskreditierung von Lebensentwürfen und der Missachtung einer durch die DDR maßgeblich geprägten Vergangenheit seitens überheblicher Westdeutscher.[19]

Kurt Pätzold bringt die Entwertung der Biografien zu DDR-Zeiten sozialisierter Erwachsener mit der Enttäuschung junger Ostdeutscher nach 1989/90 in Verbindung. In den neuen Bundesländern gibt es seiner Ansicht nach einen bisher unbekannten Generationskonflikt, der erklären kann, warum sich dort lebende Jugendliche stärker als ihre Altersgenossen im Westen und ihre Eltern oder Großeltern nach rechts wenden. Nicht bloß in einzelnen Gruppen der sich auflösenden DDR-Gesellschaft sei dieser Erosions- bzw. Zerfallsprozess unterschiedlich erlebt worden, sondern auch und gerade zwischen den Generationen: „Binnen kurzem erschien alles entwertet, ja wertlos, was die Älteren in Jahren und Jahrzehnten geschaffen hatten, ihr Weg stellte sich als ein einziger – freiwillig oder widerwillig oder einfach mitgehend beschrittener – Irrweg dar, als ein ‚verlebtes' Leben."[20] Während die Älteren darauf reagierten, indem sie sich den neuen Verhältnissen anpassten, deuteten ihre Kinder dieses Verhalten als Opportunismus. Der dadurch bedingte, historisch beispiellose Autoritätsverlust der Erwachsenen hat die Jugendlichen womöglich zur Abkehr von den elterlichen Lebensprinzipien veranlasst und bei einem nicht unerheblichen Teils von ihnen zur Orientierung nach rechts geführt.

Tendenzen zur Herausbildung einer rechten Jugendkultur in den östlichen Bundesländern

Wer geglaubt hatte, mit der Zeit würden sich die Unterschiede zwischen Ost- und Westdeutschland abschleifen, sah sich ein Jahrzehnt nach der Wiedervereinigung getäuscht: Zwar haben die neuen Bundesländer seit 1989/90 viel von den alten übernommen (nicht zuletzt das Parteiensystem unter Einschluss der dort seit Jahrzehnten fest etablierten Organisations- und Führungsstrukturen des Rechtsextremismus) bzw. übernehmen müssen, die politische Kultur und sozialen Mentalitäten sind aber noch nicht zur Deckung gelangt. Gibt es hinsichtlich des Wirtschaftswachstums und der Wohlstandsentwicklung ein klares West-Ost-Gefälle, so verhält es sich in Bezug auf die Wahlergebnisse, Mitgliederzahlen und Einflussgewinne rechtsextremer Organisationen genau umgekehrt. Neonazis haben ihre Hochburgen mittlerweile eher im Osten, wo auch ultrarechte Ideologieelemente in das Massenbewusstsein einsickern und vor allem die Jugendkultur stärker als im Westen beeinflussen.

In den neuen Bundesländern ist der Rechtsextremismus, besonders in seiner Ausprägung bei meist männlich dominierten Jugendcliquen, weniger strukturiert, organisiert und parlamentarisch orientiert. Richard Stöss bemerkt zu dem, was man als Doppelköpfigkeit des Rechtsextremismus im vereinten Deutschland bezeichnen könnte, dass jener „im Westen überwiegend durch Organisationen (Parteien, Verbände, Jugendorganisationen) geprägt und auch sonst stark institutionalisiert ist (Presse, Verlage, Kongresse), während im Osten der eher spontane, schwach organisierte und ideologisch gering fundierte, dafür aber besonders aggressive Protest vorherrscht“.[21] In den neuen Ländern sei der Rechtsextremismus eher bewegungsorientiert, weshalb er auch stärker die politische Alltagskultur und den „Lifestyle“ (Musikgeschmack, Mode) junger Menschen bestimmt: „Zunächst gewalttätig spielerisch, scheinbar infantil entwickelte sich eine rechtsextreme Kultlandschaft, die politische, ideologische, ästhetische und soziale Aspekte zu einem neuen Ganzen verband und die sich heute als neue rechtsextreme Jugendkultur zeigt, die geistige Orientierung jenseits des Staatskapitalismus à la DDR und des kulturfernen entfesselten Gegenwartskapitalismus anbietet."[22]

Man sollte die Merkmale einer sozialen Bewegung, die der Rechtsextremismus in Ostdeutschland zweifellos aufweist, nicht überschätzen und sich davor hüten, ihn als „jugendliche *Protest*bewegung" zu bezeichnen. Denn hierdurch würde ihm Legitimität verschafft, entstünde doch der Eindruck, als wären die Rechtsextremisten das politische Sprachrohr (mehr oder weniger zu Recht) vom Verlauf des Einigungsprozesses enttäuschter Ostdeutscher. Neonazis selbst sprechen dagegen ganz bewusst von „ihrer Bewegung", obwohl sie bei Straßenaktionen nie mehr als 3000 bis 4000 Anhänger/innen mobilisieren konnten, was im Größenvergleich zur Friedensbewegung der frühen 80er-Jahre mit teils über einer halben Million Demonstrationsteilnehmer(inne)n ihr doch erheblich geringeres politisches Gewicht deutlich werden lässt.

Durch die ohne Rücksicht auf soziale Belange und Befindlichkeiten der DDR-Bürger/innen erfolgte Vereinigung von DDR und BRD gewann der Rechtsextremismus an organisatorischer Schlagkraft und politischer Bedeutung. Nicht zufällig konzentrierten sich daher gegen Mitte der 90er-Jahre alle rechtsextremen Parteien auf die neuen Bundesländer: „Teilweise verlegten führende Kader ihre Wohnsitze in den Osten. Bundeszentralen wie die der *Republikaner* und der NPD wurden nach Berlin verlagert."[23]

Die politisch-ideologische und organisatorische Verankerung des Rechtsextremismus ist regional sehr unterschiedlich, wobei örtliche Gegebenheiten, personelle Rekrutierungspotenziale und die Stärke demokratischer Gegenwehr eine Schlüsselrolle spielen. Leben vor allem linke Jugendliche mancherorts in Angst, als „Zecken" oder „Asseln" beschimpft, überfallen und verprügelt zu werden, fehlen andernorts die Bomberjacken und Springerstiefel mit weißen Schnürsenkeln, wie sie rechte Skinheads tragen. Nur in bestimmten Gemeinden lösten die Neonazis ihren Anspruch ein, „national befreite Zonen“ zu schaffen, wie sie öffentliche Räume (Straßenzüge, Marktplätze, Bahnhöfe, Jugendclubs etc.) nennen, in denen sich Ausländer und andere „Volksfeinde“ nicht mehr ohne Angst vor gewaltsamen Übergriffen aufhalten können.

Der (West-)Berliner Journalist Burkhard Schröder beschreibt in seinem Buch „Im Griff der rechten Szene“ das bedrückende Klima ostdeutscher Kleinstädte wie Fürstenwalde, Schwedt und Wurzen, in dem „Glatzen“ mit Bomberjacken und Springerstiefeln das Stadtbild bestimmen können, ohne dass sich die lokalen Honoratioren dagegen zur Wehr setzen, sofern keine Investoren abgeschreckt werden und das Image der Kommune bzw. des örtlichen „Wirtschaftsstandortes“ keinen Schaden nimmt. Oft leugnet man die Rechtsdrift großer Teile der Kinder und Jugendlichen der eigenen Gemeinde und deckt über ihre Gewalttaten gegenüber „Kanaken“ den Mantel des Schweigens. Dessau, Greifswald und Guben seien exemplarisch genannt – es ließen sich mühelos weitere Beispiele für das stumme Zusammenwirken von Stadtvätern und rechten Straftätern finden.

Dass der Rechtsextremismus im Osten aggressiver erscheint, führt Schröder auf sein jüngeres und radikaleres Personal, seine Verankerung in der Alltagskultur, seine Etablierung als soziale Bewegung und das Fehlen erkennbarer Gegenstrategien zurück.[24] Norbert Madloch beantwortet die Frage „Wie braun ist der Osten?“ dahingehend, „dass im Verhältnis zu Westdeutschland der Rechtsextremismus in den neuen Bundesländern seit Mitte der 90er Jahre beachtlich zugenommen und den aus der DDR herrührenden Sockel weit überschritten hat. Generell ist heute in beiden Teilen Deutschlands die Ausländerfeindlichkeit fast zur Normalität geworden.“[25] Während die Verankerung rechtsextremer Einstellungsmuster bei ostdeutschen Jugendlichen nach einer neueren Längsschnittanalyse abnimmt, wachsen offenbar die Vorbehalte gegenüber Migrant(inn)en selbst in der gesellschaftlichen Mitte.[26]

Rechtssein ist „in“, integraler Bestandteil einer ostdeutschen Jugendkultur und nicht mehr aus dem Alltagsleben vieler Orte östlich der Elbe wegzudenken. Auch bei Wahlen verzeichneten ultrarechte Parteien in Ostdeutschland zuletzt Erfolge: Bei der Landtagswahl in Sachsen-Anhalt am 26. April 1998 erzielte die DVU mit 12,9 Prozent der Stimmen das beste Wahlergebnis einer rechtsextremen Partei nach 1949 überhaupt und zog mit 16 Abgeordneten in das Magdeburger Parlament ein; bei der Bundestagswahl am 27. September 1998 kamen DVU, REPublikaner und NPD in Ostdeutschland zusammen auf 5,0 Prozent (im Westen lag ihr Stimmenanteil nur bei 2,9 und in Gesamtdeutschland bei 3,3 Prozent); bei der Landtagswahl in Brandenburg am 5. September 1999 erhielt die DVU knapp 5,3 Prozent und fünf Mandate. Dabei lagen die Ergebnisse vor allem bei *männlichen* Jungwählern zum Teil noch erheblich höher.

Neben rassistischen Vorurteilen, Klischees und Stereotypen als geistiger Klammer der jeweiligen Bezugsgruppe (Peergroup) wird die Gewalt zu einem Handlungsmuster, das verschworene Gemeinschaften von Gleichaltrigen und -gesinnten konstituiert. Tobias Krettenauer spricht in diesem Zusammenhang von einer „Segmentierung“ des moralischen Bewusstseins: „Für die Jugendlichen scheint Gewalt, wie sie im Kontext ihrer jeweiligen Clique ausgeübt wird, schlichtweg zur Normalität zu gehören, so daß sich die Frage nach richtig oder falsch, nach angemessen oder unangemessen, nach gerechtfertigt oder ungerechtfertigt, gut oder schlecht überhaupt nicht stellt.“[27]

Skinheads stehen zwar im Mittelpunkt des öffentlichen und medialen Interesses, stellen aber nicht das Gros der Gewalttäter, die sich vielmehr in erster Linie aus Angehörigen der rechten Jugendszene rekrutieren, wie eine Untersuchung in Sachsen-Anhalt ergab.[28] Die sog. Freien Kameradschaften, nach den Organisationsverboten der frühen 90er Jahre entstandene, informelle Zusammenschlüsse von Neonazis, und rechte Cliquen, die zuerst im Osten auftraten, tragen zur Verjüngung, Radikalisierung und

Militarisierung des rechten Lagers bei. „Mit den Cliquen, den Kameradschaften, den Skinheads und weiteren Gesellungs- und Organisationsformen sowie zugehörigen Vernetzungen gibt es in der Bundesrepublik unter Jugendlichen und jungen Erwachsenen seit Mitte der 90er Jahre eine neue und vielschichtige Entwicklung, die als ‚rechte Jugendkultur' nicht mehr (nur) am Rande der Gesellschaft isoliert ist, sondern in die junge Generation und Gesellschaft hinein ‚diffundiert' bzw. aus deren ‚Mitte' kommt."[29]

In den östlichen Bundesländern sind die Rahmenbedingungen für rechtsextreme Politik günstiger als in den westlichen und dürften es auch künftig bleiben, sofern keine Angleichung der Arbeits- und Lebensbedingungen beider Landesteile erfolgt. Falls die ostdeutsche Wirtschaft tatsächlich „auf der Kippe" (Wolfgang Thierse) steht, droht sich das Problem sogar noch zu verschärfen. Die aktuelle Gefahr von rechts besteht zunächst einmal ganz konkret für potenzielle Opfergruppen, zu denen neben Ausländer(inne)n solche Menschen gehören, die fälschlicherweise dafür gehalten werden, aber auch Behinderte, Homosexuelle und Obdachlose. „Sie existiert darüber hinaus jedoch besonders in dem Anwachsen einer ansatzweise erkennbaren fremdenfeindlichen Bewegung mit ihren Rückwirkungen auf das politisch-institutionelle System und die politische Kultur einer zivilen Gesellschaft, um die sich eine Mehrzahl der Bundesdeutschen längerfristig selbst bringen könnte."[30]

4. Entstehungsursachen von Rechtsextremismus in der Diskussion: Rand(gruppen)problem oder Phänomen der gesellschaftlichen Mitte?

In der Diskussion über die Entstehungsursachen des Rechtsextremismus herrschen eine Vielfalt von Theorien bzw. Theorieversatzstücken und ein hohes Maß an Verwirrung durch zahlreiche einander widersprechende Positionen vor: Es gibt beinahe genauso viele Erklärungen für das Phänomen wie (selbst ernannte) Fachleute, die sich damit beschäftigen.

Wenn man verstehen will, warum ein bestimmter Mensch zum Rechtsextremisten geworden ist, muss man seine Arbeits- und Lebensbedingungen, auch biografische sowie familiäre Hintergründe untersuchen; wenn man darlegen will, warum es Rechtsextremismus, Rassismus und Gewalt (in der Bundesrepublik Deutschland) gibt, sind jedoch die gesellschaftlichen Ursachen entscheidend. Man kann die kaum mehr überschaubare Fülle der Erklärungsansätze in zwei Hauptgruppen unterteilen:

- Die einen verorten das Problem eher am Rand der Gesellschaft, etwa bei vernachlässigten und verwahrlosten Jugendlichen. Hier spielen (Sozialisations-)Defizite und (psychische) Defekte der rechten Gewalttäter eine Schlüsselrolle. Rechtsextremismus wird als – von den gültigen Normen und Werten einer parlamentarischen Demokratie – abweichendes Verhalten betrachtet, das diese energisch, z.B. durch strafrechtliche Sanktionen und polizeiliche Repression, zu bekämpfen hat.
- Die anderen lokalisieren die Wurzeln des Rechtsextremismus eher inmitten der Gesellschaft und machen folgerichtig die Führungsgruppen in Wirtschaft, Staat und Verwaltung (mit) für rechte Gewalttaten verantwortlich, weil sie rassistisches, na-

tionalistisches und sozialdarwinistisches Gedankengut verbreiten, zumindest jedoch den geistigen Nährboden für die Ausgrenzung von (ethnischen) Minderheiten bereiten.

Im Folgenden sollen sechs Deutungsmuster aus der ersten Gruppe vorgestellt und kritisiert werden, die mehr entschuldigen als erklären, aber in der Bundesrepublik ein größeres Gewicht besitzen: Unsere Gesellschaft hat sich eigentlich noch nie ernsthaft mit dem Problem des Rechtsextremismus beschäftigt, sondern leugnet ihre eigene Schuld lieber, als sich damit (selbst)kritisch auseinanderzusetzen. Drei davon stammen aus der Zeit vor 1989/90 und die übrigen drei aus den 90er-Jahren. Eine solche Auswahl bot sich an, weil die „Wende" in der DDR und die anschließende Vereinigung beider deutscher Staaten eine historische Zäsur auch für den Rechtsextremismus bildete. Andere Erklärungsmodelle mussten hier unberücksichtigt bleiben, obwohl sie zeigen, wie man sogar gegensätzliche Faktoren, etwa Langeweile und Stress[1], bemühen kann, um die rechte Gewalt mehr zu entschuldigen als zu erklären. Die behandelten Deutungsmuster erscheinen typisch, wenn nicht repräsentativ dafür, wie man seit 1945 mit dem Problem umgegangen ist, anders formuliert: wie man sich seiner mittels (pseudo)wissenschaftlicher Konzeptionen entledigt, es aber nie auch nur ansatzweise gelöst oder eingedämmt hat.

Rechtsextremismus in der Nachkriegszeit: „historisches Auslaufmodell" oder „jugendliches Rowdytum"?

Nach dem Zweiten Weltkrieg stand die Rechtsextremismusforschung in Deutschland – wie auch der untersuchte Gegenstand selbst – eine Zeit lang ganz im Bann des Hitlerfaschismus. Sie richtete ihr Hauptaugenmerk auf Entwicklungstendenzen, die eine Fortsetzung oder Wiederbelebung der NS-Aktivitäten darstellten. Stark begünstigt wurde diese Sichtweise durch die Bildung neofaschistischer Parteien, etwa der Sozialistischen Reichspartei (SRP), die 1952 vom Bundesverfassungsgericht verboten wurde, und der Deutschen Reichspartei (DRP), die gleichfalls schon in ihrem Parteinamen zu erkennen gab, dass sie der großdeutschen Reichsidee verpflichtet war.

Die gesellschaftlich und politisch relevanten Kräfte der Bundesrepublik hatten offenbar Angst, das Thema „Rechtsextremismus“ hochzuspielen. Auch fristete die Rechtsextremismusforschung ein Schattendasein in Nischen des etablierten Wissenschaftsbetriebes, was durch Stellungnahmen der DDR-Führung, die Westdeutschland als „Hort des Neofaschismus“ brandmarkten, noch verstärkt wurde. In dem Bemühen, dem Ausland keinen Vorwand für „antideutsche“ Propaganda zu liefern, deckte man über fast alle Ereignisse, anhand derer hätte gezeigt werden können, dass „der Schoß noch fruchtbar“ (Bert Brecht) war, den Mantel des Schweigens.

Am 24. Dezember 1959 wurde die Synagoge in Köln geschändet, und im Gefolge dieses Ereignisses wurden an hunderten von Orten in der alten Bundesrepublik jüdische Grabsteine umgestürzt und NS-Gedenkstätten mit Hakenkreuzen beschmiert. Da ausländische Zeitungen die Frage aufwarfen, ob der Nationalsozialismus gerade eine Renaissance erlebe, wodurch das Image der Bundesrepublik – heute würde man vermutlich sagen: des „Standortes D“ – Schaden zu nehmen drohte, konnte die westdeutsche Öffentlichkeit das Problem nicht länger ignorieren. Ein verbreitetes Deutungsmuster lautete: „Es sind alte Nazis, die wieder aus ihren Löchern kommen.“ So schrieb etwa Hans-Helmuth Knütter, ein heute selbst weit nach rechts gerückter Politikwissenschaftler, in seiner 1961 als Buch veröffentlichten Doktorarbeit, erst mit dem Aussterben der Generation, die das NS-Regime bewusst erlebt und bejaht habe, werde sich das Problem lösen.[2] Es wäre schön, wenn man auf biologische Lösungen warten könnte und die Gesellschaft im Grunde nichts gegen den Rechtsextremismus tun müsste!

Der damalige Bundeskanzler Konrad Adenauer wiederum sprach von „jugendlichen Flegeleien“ und empfahl, den Tätern eine Tracht

Prügel zu verabreichen. Darin scheint auf, wie sich unsere Gesellschaft des Problems zu entledigen suchte: Man erklärte den Rechtsextremismus kurzerhand zu einem *Jugend*problem, statt es als gesamtgesellschaftliches Phänomen an- und ernst zu nehmen. Damit verbunden war die Hoffnung, rechte Straftäter würden von selbst „vernünftig", wenn sie eine Familie gründeten. Auch zeugt die angedrohte Tracht Prügel von der Illusion, Repression lasse sich gegen Repression setzen und das Problem damit lösen.

Rechtsextremismus als „Normalisierung" im Vergleich mit anderen westlichen Demokratien

Ein zweiter Thematisierungsschub folgte, als die NPD, begünstigt durch die Rezession 1966/67, in sieben Landesparlamente der Bundesrepublik einzog. Damals vertrat der Kölner Soziologe Erwin K. Scheuch in einem wichtigen, bis heute oft zitierten Aufsatz die These, es sei wenig sinnvoll, den aktuellen Rechtsextremismus zu vergleichen mit dem deutschen Nationalsozialismus vor 1945. Scheuch schlug vor, die Situation in der Bundesrepublik lieber mit der gegenwärtigen Situation in anderen westlichen Demokratien zu vergleichen, was zu folgendem Ergebnis führte: „In allen westlichen Industriegesellschaften existiert ein Potential für rechtsradikale politische Bewegungen. Rechtsradikalismus ist unter dieser Perspektive eine ‚normale' Pathologie von freiheitlichen Industriegesellschaften."[3] Damit gab Scheuch hinsichtlich des Rechtsextremismus bzw. der NPD politische Entwarnung, weil es nach seiner Deutung weder nötig noch möglich war, das Phänomen zu bekämpfen. Wenn der Rechtsextremismus bloß ein krankhafter Auswuchs liberaler Demokratien wäre, den diese als Preis für ihre Freiheit zahlen müssten, gäbe es keinen Grund zur Empörung. Was in anderen Staaten normal sein mag, ist freilich in einem Land, das Auschwitz hervorgebracht hat, ein politischer Skandal.

Als die REPublikaner bei der bayerischen Landtagswahl 1986 drei Prozent der Stimmen errangen und die DVU ein Jahr später in die Bremische Bürgerschaft einzog, reformulierte Claus Leggewie aus politikwissenschaftlicher Perspektive jene These, die Scheuch mit Blick auf Wahlerfolge der NPD 20 Jahre früher als Resultat seiner soziologischen Analyse präsentiert hatte: dass die „Zwerge am rechten Rand“ nicht zu Riesen mutieren, aber Mandate in Parlamenten gewinnen würden, sei in erster Linie auf die nachlassende Integrationsfähigkeit von „Massenlegitimationsparteien“ wie der CDU/CSU zurückzuführen und nicht weiter verwunderlich: „Das historische Tabu, das eine Partei rechts von der Union belastet, nämlich der ‚Schatten Hitlers‘, löst sich allmählich auf, nicht zuletzt dank der Bemühungen, die von Seiten der unionsgeführten Bundesregierung im Verein mit ihr nahe stehenden Historikern selbst angestellt wurden (‚Historikerstreit‘ 1986). Eine ‚Normalisierung‘ der westdeutschen politischen Verhältnisse auf ein ‚europäisches Maß‘ wird möglich (Normalisierungseffekt).“[4]

Wolfgang Benz hat demgegenüber hervorgehoben, dass es hierzulande aufgrund der besonderen deutschen Geschichte ein „schlummerndes“, über Randgruppen der Gesellschaft hinausreichendes Potenzial für den Rechtsextremismus gibt: „Ohne das Erbe der zwölf Jahre des Dritten Reiches wäre Rechtsradikalismus in der Bundesrepublik wie auch in anderen Staaten in erster Linie eine statistische Größe des politischen Lebens und vermutlich eine eher harmlose Randerscheinung oder bei entsprechender Größenordnung, bei kriminellem, terroristischem Ausmaß also, ein Problem der inneren Sicherheit. Die historische Hypothek macht aber in Deutschland jede Art von rechtem Extremismus, auch in per se zunächst harmloser Erscheinungsform, zum politischen Problem von unvergleichbarer und einzigartiger Dimension.“[5]

Noch immer wird mit dem Argument, es handle sich bei dem „braunen Bodensatz“ um etwas ganz Normales bzw. bei dem Anwachsen des ultrarechten Potenzials um einen Normalisierungsprozess, den die Bundesrepublik Deutschland gegenwärtig durchlaufe, die Vergiftung der politischen Kultur durch Rechtsextremismus, Rassismus und Nationalismus im Grunde verharmlost. So behauptet z.B. Ulrich Oevermann, Hochschullehrer für Soziologie und Sozialpsychologie an der Johann Wolfgang Goethe-Universität Frankfurt am Main, 10 Prozent rechtsradikale Ressentimentwähler, die sich durch potenziell inhumane Vorurteils-Parolen einfangen lassen, müssten in einem demokratischen Staatswesen als „normal“ gelten: „Besorgniserregend ist dieser Anteil nur für denjenigen, der – in typisch deutscher Manier – von dem weltfremden pädagogisierenden Modell ausgeht, daß bis auf wenige pathologische Ausnahmen jeder Bürger durch erfolgreiche politische Bildung in Elternhaus und Schule auf das Niveau aufgeklärten rationalen Staatsbürgertums gehoben werden kann.“[6]

Die Gleichsetzung von Links- und Rechtsextremismus durch die Extremismustheorie

Während der 50er- und frühen 60er-Jahre, d.h. auf dem Höhepunkt des Kalten Krieges, wurden in der Bundesrepublik alle geistig-politischen Kräfte im Kampf gegen den Kommunismus bzw. den Marxismus-Leninismus mobilisiert. Was lag näher, als diesen unter dem Begriff „Totalitarismus“ mit dem Nationalsozialismus bzw. Hitlerfaschismus gleichzusetzen? Keine andere Konzeption war so gut geeignet, das Scheitern der Weimarer Republik als das Resultat einer doppelten Frontstellung (gegenüber Rechts- und Linksextremisten) zu entschuldigen, die geistigen Berührungspunkte des Bürgertums mit dem Nationalsozialismus zu verschleiern und die Aufarbeitung der NS-Zeit durch Neukonturierung des alten Feindbildes (Kommunisten/Sozialisten) überflüssig erscheinen zu lassen.

Vor allem die beiden Politikwissenschaftler Uwe Backes und Eckhard Jesse versuchen seit langem, die Extremismustheorie durch eine Vielzahl von Veröffentlichungen aufzuwerten und ihr ein über den Verfassungsschutz und die staatlichen Bildungseinrichtungen hinausreichendes Renommee zu verschaffen. Sie legen ihren Arbeiten folgende Definition zugrunde: „Der Begriff des politischen Extremismus soll als Sammelbezeichnung für unterschiedliche politische Gesinnungen und Bestrebungen fungieren, die sich in der Ablehnung des demokratischen Verfassungsstaates und seiner fundamentalen Werte und Spielregeln einig wissen, sei es, daß das Prinzip menschlicher Fundamentalgleichheit negiert (Rechtsextremismus), sei es, daß der Gleichheitsgrundsatz auf alle Lebensbereiche ausgedehnt wird und die Idee der individuellen Freiheit überlagert (Kommunismus), sei es, daß jede Form von Staatlichkeit als ‚repressiv' gilt (Anarchismus)."[7]

Todfeinde wie der Faschismus und der Kommunismus befinden sich damit „im selben Boot", wohingegen man ihrer Herkunft, ihren geistigen Wurzeln und ihrer Ideologie nach eng verwandte Strömungen, wie etwa Deutschnationalismus, Nationalkonservatismus und Nationalsozialismus, anderen Strukturkategorien zuordnet. Grau- bzw. „Braunzonen", ideologische Grenzgänger und inhaltliche Überschneidungen zwischen Konservatismus und Rechtsextremismus werden nicht mehr thematisiert oder bewusst tabuisiert, die tiefen Gräben zwischen Rechts- und Linksradikalismus zwar keineswegs ignoriert, ihrer Bedeutung nach jedoch stark relativiert. Die Konzentration auf das/die Extreme lenkt vom gesellschaftlichen Machtzentrum und von seiner Verantwortung für die politische Entwicklung eines Landes ab. Gleichwohl maßt sich eine fiktive politische „Mitte" an, konkurrierende Positionen links und rechts von ihr als „undemokratisch" ausgrenzen zu können, entzieht sich selbst damit aber jeder Kritik.

Die Extremismustheorie bot eine Möglichkeit, die Mitschuld einflussreicher Gesellschaftskreise an der „Machtergreifung" des Hitlerfaschismus zu negieren. Die Weimarer Republik sei, so hieß es, am Zusammenspiel der Verfassungsfeinde links- und rechtsaußen zugrunde gegangen. Außerdem diente das besagte Interpretationsmodell während der Ost-West-Konfrontation und der

Restauration in der Bundesrepublik Deutschland als eine innenpolitische Waffe gegen die demokratische Linke, der unterstellt wurde, eine dem Stalinismus und damit auch dem Nationalsozialismus ähnliche Herrschaft errichten zu wollen.

Gemeinsamkeiten zwischen beiden Regimen kann – im wahrsten Sinne des Wortes – jedes Kind erkennen: Man muss ihm nur Bilder von Massenaufmärschen und Militärparaden, die Insignien des Führerkults, Machtrituale oder Uniformen paramilitärischer Verbände zeigen. Um die *Unterschiede* zu erkennen, bedarf es hingegen wissenschaftlicher Methoden und analytischer Fähigkeiten. Eine gravierende Differenz zwischen Links- und Rechtsextremismus ignorieren Extremismus- und Totalitarismustheorien bewusst: „Der Rechtsextremismus strebt die Beseitigung der Demokratie, der Sozialismus jedoch die Abschaffung des Kapitalismus an."[8] Richard Stöss schlussfolgert, dass der Rechtsextremismus prinzipiell, also von seiner Idee her und den Zielen nach *anti*demokratisch, der Sozialismus aber nur gegen die Demokratie gerichtet sei, wenn er (im Sinne einer „Diktatur des Proletariats" oder Politbüros) missbraucht oder pervertiert werde.

Eckhard Jesse lehnt es jedoch strikt ab, die Frage nach den geistigen Hinter- und Beweggründen für Unterdrückungsmaßnahmen eines totalitären Regimes überhaupt zu stellen: „Das Opfer totalitärer Mechanismen muß eine solche Differenzierung – Kommunismus als Deformation einer an sich guten Idee – als sophistisch, wenn nicht zynisch empfinden, ganz abgesehen davon, daß Ziele und Mittel vielfach ineinander übergehen."[9] Die *Opfer*perspektive ist freilich wenig geeignet, ein qualifiziertes fachliches Urteil zu fällen. Aus guten Gründen lässt man keine Gewaltopfer (bzw. Hinterbliebene), sondern *nicht* unmittelbar betroffene Geschworene bzw. Schöffen richten. Was aber im Strafprozess selbstverständlich ist, nämlich die Herkunft und Motive des Angeklagten zu würdigen – nicht bloß das Resultat seiner Handlung –, sollte auch eine Grundvoraussetzung für die politikwissenschaftliche Bewertung von Herrschaftssystemen sein.

Zwar schien sich die Totalitarismustheorie auf den ersten Blick durch den politischen Bankrott des osteuropäischen Sozialismus zu bestätigen. Durch den – fast ausschließlich friedlichen – Verlauf des Systemwechsels wurde sie aber im Grunde widerlegt: Entgegen ihrer Kernthese sind Faschismus und Kommunismus nämlich nicht nur ganz unterschiedlich – durch eine soziale Revolution in Russland, aber die freiwillige Übergabe der Regierungsgeschäfte an Mussolini und Hitler in Deutschland bzw. Italien – an die Macht gelangt, sondern haben diese auch ganz unterschiedlich wieder verloren. Während die „rechte Spielart des Totalitarismus" 1945 ein durch ihren Angriffs-, Eroberungs- und Vernichtungskrieg völlig zerstörtes Europa hinterließ, trat die „linke Variante des Totalitarismus" 1989/90 trotz der Verfügung über ein riesiges Waffenpotenzial ab, ohne militärisch den geringsten Widerstand zu leisten.

Rassistisch motivierte Jugendgewalt als Desintegrationsphänomen der „Risikogesellschaft"?

Wilhelm Heitmeyer gebührt das Verdienst, schon sehr früh, nämlich bereits in den 80er-Jahren, „rechtsextremistische Orientierungsmuster", wie er sie nennt, empirisch untersucht und darüber viel publiziert zu haben. Durch seine Medienpräsenz hat Heitmeyer aber auch – wenngleich sicherlich ungewollt – dazu beigetragen, dass dieses Thema fast durchgängig als Jugendproblem verhandelt wurde. Mit dem Soziologen Ulrich Beck begreift Heitmeyer die Bundesrepublik Deutschland als eine „Risikogesellschaft". Modernisierung und Individualisierung vermehrten die persönlichen Entscheidungsmöglichkeiten, jedoch auch Unsicherheit, Ungerechtigkeit und Unruhe, denn es handle sich dabei um „riskante Freiheiten", die überdies nur von wenigen Menschen überhaupt als Freiheiten begriffen wurden.

Soziale, berufliche und politische Desintegrationsprozesse erzeugen nach Heitmeyer insbesondere bei Jugendlichen Vereinzelungserfahrungen, Ohnmachtsgefühle und Handlungsunsicherheiten. Da sich soziokulturelle Milieus wie das konfessionelle oder das proletarische auflösten und traditionelle Bindungen, familiäre bzw. Nachbarschaftsbeziehungen zerfielen, fehle den Betroffenen, so lautet Heitmeyers Argument, ein fester Halt. Handlungsunsicherheit führe zur Gewissheitssuche, an die rechtsextreme Konzepte mit Vorurteilen und Stabilitätsversprechen anknüpften; Ohnmachtsgefühle würden in das Akzeptieren von Gewalt umgeformt, die über das Postulat „Der Stärkere soll sich durchsetzen!" legitimiert wird; Vereinzelungserfahrungen schließlich mündeten in die Suche nach leistungsunabhängigen Zugehörigkeitskriterien, die rechtsextreme Konzepte vornehmlich durch Betonung der Ethnizität und nationalen Überlegenheitsdünkel böten.[10]

Heitmeyers Versuch, die Attraktivität rechtsextremer Orientierungsmuster für Jugendliche aus ihrer Lebenssituation abzuleiten, haftet ein gewisses Maß an Willkür, Unverbindlichkeit und Beliebigkeit an. Denn die Individualisierungsprozesse, Desintegrationserscheinungen und Tendenzen zur Paralysierung gesellschaftlicher Institutionen, von denen der Bielefelder Erziehungswissenschaftler spricht, werden ganz unterschiedlich verarbeitet und führen – wenn überhaupt – nur selten zur Übernahme rechtsextremer Orientierungsmuster. „Polemisch formuliert, könnten Desintegration und ‚Paralyse' genausogut zur Erklärung jugendlicher Suizide, des Fahrverhaltens auf deutschen Autobahnen oder des vermehrten Wunsches nach Fernreisen im Urlaub herangezogen werden."[11]

Birgit Rommelspacher erklärte die Individualisierungsthese für unhaltbar und warf Heitmeyer, aber auch anderen Forschern, die rechte Jugendliche als „Opfer der Risikogesellschaft" hinstellen, eine wissenschaftliche „Täterentlastung" vor.[12] Rudolf Leiprecht warnte vor einer „Mythologisierung früherer und traditioneller Lebensweisen", weil in der Rezeption von Heitmeyers Untersuchungen überkommene Werte und Sozialbeziehungen wie die

Kleinfamilie, Heimatverbundenheit und enge Nachbarschaft als positiver Gegenentwurf zum Rechtsextremismus erschienen.[13] Roland Eckert konstatierte, dass es keiner Desintegration bedürfe, um menschliche Aggressionen freizusetzen: „Gerade traditionelle, hochintegrierte Gesellschaften (...) weisen häufig (insbesondere in ökonomischen Krisen) ein hohes Maß an fremdenfeindlicher Gewalt bis hin zu Pogromen auf."[14] Auch neigen durchaus Jugendliche zu rechtsextremer Gewalt, die fest in Familien-, Nachbarschafts- und Freundschaftsbeziehungen eingebunden sind.

Ernsthaft in Frage gestellt wurde Heitmeyers Ansatz durch empirische Untersuchungen, die zu ganz anderen Ergebnissen kamen, als sie sein Konzept hätten vermuten lassen: Beispielsweise ergab die Auswertung mehrerer hundert Ermittlungs- und Gerichtsakten durch eine Forschungsgruppe an der Universität Trier, dass rechtsstehende Gewalttäter vorwiegend aus ganz „normalen", keineswegs überdurchschnittlich oft aus zerrütteten Familien stammen. Helmut Willems hält Desintegration zur Erklärung fremdenfeindlicher Gewaltakte daher für nur begrenzt tauglich: „So wie die Zuordnung zu aggressiven, zu fremdenfeindlichen und auch zu rechtsradikalen jugendlichen Subkulturen nicht generell als Desintegrationsphänomen beschrieben werden kann, so sind auch nur für einen kleinen Teil der fremdenfeindlichen Gewalttäter persönliche Desintegrationserfahrungen festzustellen: also etwa Schulabbruch, Arbeitslosigkeit, defizitäre Familienstrukturen, Beziehungslosigkeit. Es gibt auch keine Hinweise darauf, daß sie vornehmlich aus sich auflösenden Milieus stammen, die früher durch Gewerkschaften und Kirchen stabilisiert waren."[15]

„Protestwähler“, „Jugendprotest“ und „Protestbewegung“ – Rechtsextremismus als Nebenfolge gesellschaftlicher Benachteiligung?

Als die NPD in den späten 60er-Jahren, DVU und REPublikaner gegen Ende der 80er-/Anfang der 90er-Jahre zum Teil spektakuläre Erfolge bei Kommunal-, Landtags- und Europawahlen feierten, suchte man in den Medien die (west)deutsche Öffentlichkeit mit einer hypothetischen Figur zu beruhigen: Gemeint ist der „Protestwähler“, welcher seine Stimme den Rechtsextremisten nicht aus Sympathie für sie und/oder ihr Gedankengut, sondern aus bloßer Unzufriedenheit mit den „etablierten“ Parteien gibt.

Aus der „Protestwahl“ benachteiligter Unterschichten als Erklärungsmodell für die Wahlerfolge rechter Parteien ging nach den Übergriffen gegen Ausländer in Hoyerswerda und Rostock-Lichtenhagen das Deutungsmuster des Jugendprotests und einer rechten Protestbewegung hervor. Anwendung rassistischer Gewalt durch Jugendliche wurde seither nicht nur als „Hilferuf“ einer überforderten, verunsicherten Generation, sondern auch als „Protestschrei“ einer sozialen Bewegung gedeutet, die als Reaktion auf politische Fehlentwicklungen zu begreifen sei. Besonders von liberalkonservativen Politikern und Publizisten wurde die extreme Rechte als „APO der 90er-Jahre“, fremdenfeindliche Gewalt als handfest ausgetragener Generationskonflikt charakterisiert. Bodo Morshäuser sprach von einer „antiautoritären Rebellion“, die durch „subversive Frechheit der Nichtprivilegierten“ geprägt sei.[16] Dabei ist niemand autoritärer und gegenüber der Obrigkeit weniger aufmüpfig als rechtsextreme Jugendliche.

In den Massenmedien erfolgte die Fehldeutung des Rechtsextremismus als „Jugendprotest“ im Rahmen einer Berichterstattung über rassistische Gewalttaten, die den Eindruck erweckte, als handle es sich hierbei um das Aufbegehren einer ganzen Generation. Die in der Tagespublizistik vorherrschende Tendenz zur Vereinfachung eines letztlich unbegriffenen Problems findet sich jedoch auch in seriösen Fachorganen. So diagnostizierte Karl Heinz Roth eine Revolte der „Anschluss"-Verlierer in Ost- und Westdeutschland: „Diesseits und jenseits der Elbe hat sich eine Jugendbewegung an die Spitze des Aufbegehrens der moralisch, ökonomisch und sozialpolitisch Entwerteten gesetzt. Adressat ihrer Wut aber wurden nicht diejenigen, die mit ihren Entscheidungen und Handlungsrastern die soziale Katastrophe ausgelöst haben und inzwischen verwalten. Die Gewalt der Jugendlichen richtete sich gegen Zuzug von außen, gegen die Asylsuchenden der jüngsten Migrationswelle, die von den Behörden in die Zentralen Anlaufstellen und Sammellager der Trabantenstädte und Depressionszonen gepfercht wurden."[17]

Uwe Markus moniert, dass Gruppen gewaltbereiter Jugendlicher durch solche Deutungsmuster der Rechtsextremismusforschung die Rolle eines Korrektivs zugesprochen bekommen, das den nötigen „Druck der Straße" erzeugt, um die Versäumnisse der etablierten Politik offen zu legen und sinnvolle Veränderungen herbeizuführen: „Es hätte allerdings fatale Folgen für einen differenzierenden Umgang mit dem Phänomen, das Selbst- und Fremdbild solcher Gruppen unkritisch zu übernehmen und sie als militanten Kern eines im Grunde sozialemanzipatorischen Protestpotentials zu mißdeuten."[18]

Hans-Gerd Jaschke glaubte, dass sich der Rechtsextremismus seit 1989/90 als soziale Bewegung konstituiere. Die zentrale These seiner Überlegungen hierzu lautet: „Der Protest von rechts ist eine sich zur sozialen Bewegung formierende modernisierungskritische Reaktion auf zwei fundamentale Veränderungen der Gesellschaft – auf Ethnisierungsprozesse und auf Individualisierungsschübe."[19] Daraus ergibt sich die Frage, was man denn mit „(Jugend-)Protest" meint. Der Verdacht drängt sich auf, dass mit diesem Begriff zu sorglos umgegangen und darunter bloß eine Missfallensbekundung – gleich welcher Art – verstanden wird.

Das Weinen eines von den Eltern vernachlässigten Kindes ist genauso wenig ein Protestschrei wie die Hetzparole „Ausländer raus!" Unzufriedenheit mit der eigenen sozialen Lage oder politischen Gegebenheiten und Äußerungen des Unmuts darüber sind für sich allein noch kein Protest, wiewohl dieser daraus hervorgehen kann. Protest basiert vielmehr auf moralischen Prinzipien bzw. politisch-ideologischen Grundsätzen, bedarf (der Ansätze) eines Programms und des Gegenentwurfs für eine andere Lebensweise oder eine bessere Gesellschaft, jedoch auch einer Öffentlichkeit, um sein Ziel zu erreichen, und ist seinem ganzen Wesen nach eine Herausforderung der Obrigkeit.

Werner Bergmann sieht eine „Protestmobilisierung von rechts", die seiner Meinung nach in eine soziokulturelle Bewegung mündet, die sich aus der persönlichen „Erfahrung von Fremdheit im Zuge massenhafter Migrationsprozesse" speist.[20] Der Begriff „Bewegung", den die Neonazis gern für sich reklamieren (z.B. nannte Michael Kühnen seine Gruppen so), wird mittlerweile selbst in Teilen der Fachliteratur derart unscharf gefasst und inflationär benutzt, dass der Politikwissenschaftler Uwe Backes sogar die DVU und die Freiheitliche Partei Österreichs (FPÖ) als „Bewegungen" – im Original ohne Anführungszeichen – bezeichnet.[21] Norbert F. Schneider plädiert jedoch zu Recht für eine wissenschaftlich sorgfältige Begriffswahl: „Gerade heute, wo sich der Bewegungsbegriff zu einem politischen Modebegriff entwickelt hat, den sich kleinste Protestgruppen ebenso gerne selbst verleihen wie längst erstarrte Organisationen, die institutionalisierte Konflikte verwalten, kann mit einem vage gehaltenen Bewegungsbegriff nicht zuverlässig analytisch gearbeitet werden."[22]

Inhaltlich analysiert, handelt es sich beim organisierten Rechtsextremismus um eine *un*soziale Bewegung, die sich keineswegs für sozial Benachteiligte einsetzt, Asylsuchende, Haftentlassene, Menschen mit Behinderungen, Obdachlose, Homosexuelle und andere „Randgruppen" vielmehr ausgrenzt, ihnen sozialstaatliche Leistungen vorenthalten und/oder sie durch Zwangsmaßnahmen disziplinieren will. Es geht also nicht um eine Negation, sondern gerade um die – bis zur letzten Konsequenz getriebene – Realisation gültiger Normen (Beurteilung einer Person nach ihrer Leistungsfähigkeit bzw. ihrer Angepasstheit) und gesellschaftlicher Funktionsmechanismen wie der Konkurrenz.[23]

Neue Soziale Bewegungen setzen sich aus unterschiedlichen Kräften zusammen, sind in der Gesellschaft verwurzelt und richten sich gegen die offizielle (Regierungs-)Politik. Selbst wenn man das Streben nach sozialer Emanzipation, Formen demokratischer Partizipation, eine fundierte Gesellschaftskritik und die Autonomie gegenüber Parteiapparaten – also normative Aspekte – nicht für konstitutive Merkmale einer sozialen Bewegung hält, sondern diesen Begriff als bloße *Struktur*kategorie fasst, die inhaltlich unbestimmt bleibt, also keinerlei politische oder moralische Wertung enthält,[24] erfüllt der moderne Rechtsextremismus nicht sämtliche Kriterien.

In jüngster Zeit nahm Armin Pfahl-Traughber die Debatte über den Rechtsextremismus als „soziale Bewegung" wieder auf. Seiner Ansicht nach gibt dieser Terminus wichtige Hinweise auf Gründe für die Ende des 20./Anfang des 21. Jahrhunderts steigende Attraktivität des Rechtsextremismus gerade für Jugendliche. Besonders die NPD und die „Jungen Nationaldemokraten" (JN) verkörpern für Pfahl-Traughber als Scharnier zwischen Neonazismus und „moderatem" Rechtsextremismus mit Massenaufmärschen, die den „Kampf um die Straße" vorantreiben sollen, das „Bewegungs"moment. Pfahl-Traughber sieht in dem organisatorischen Umstrukturierungsprozess des Rechtsextremismus (von z.T. inzwischen verbotenen Kaderorganisationen zu „Freien Kameradschaften") ein Indiz für den Bewegungscharakter dieser Szene. „Im Ergebnis kam es dadurch einerseits zu einer engeren Zusammenarbeit früher weniger miteinander kooperierender Rechtsextremisten und zu Aktionen mit relativ spontanen Änderungen und Reaktionen auf das Handeln der Polizeikräfte. Anderseits entwickelten sich nach dem Wegfall fest strukturierter Organisationen aber bislang noch nicht die für die politische Arbeit nötige Kontinuität und Stringenz des Agierens, wobei hier zunehmend die NPD eine initiierend und koordinierend wirkende Rolle zu spielen scheint."[25]

Rechtsextreme Ideologien/Organisationen haben nur Erfolg, wenn sie die besonders in Krisen- und Umbruchsituationen spürbare Unzufriedenheit der Unter- bzw. der vom sozialen Abstieg bedrohten Mittelschichten aufgreifen, sind daher ohne rebellische Basisimpulse überhaupt nicht denkbar. Dies ist ein Grund dafür, dass der Rechtsextremismus manchen Beobachtern als oppositionelle Kraft und als Gegner der bestehenden Zustände erscheint. Ein Pogrom ist jedoch keine Protestaktion und eine jugendliche Provokation keine Rebellion!

Zwischen Gewalt und Gewalt gibt es Unterschiede. Diese Feststellung bedeutet jedoch nicht, rechte Gewalt zu verteufeln und linke (Gegen-)Gewalt zu billigen. Letztere ist vielmehr – genauso wie erstere – weder moralisch gerechtfertigt noch politisch opportun. Aber so wenig das Attentat Claus Schenk Graf von Stauffenbergs auf Hitler (20. Juli 1944) mit dem Bombenanschlag eines von Rauschgiftkartellen gedungenen Killers auf Polizisten, Richter und Staatsanwälte gleichzusetzen ist, so wenig dürfen die unterschiedlichen Motive und Tatumstände außer Acht bleiben, will man einen Vergleich zwischen linksradikalen Gewalttaten und rechtsextremem Terror ziehen: Wenn heutzutage Molotowcocktails gegen Flüchtlingswohnheime fliegen, so ist dies mit der Tatsache, dass 1968 nach dem Mordanschlag auf Rudi Dutschke Molotowcocktails gegen das Springer-Hochhaus in Westberlin geschleudert wurden, nicht gleichzusetzen. Während mit dem BILD-Verlag ein Machtsymbol das Ziel war, sind jetzt vollkommen wehrlose Menschen die Opfer.

Skinheads, „Faschos" und Hooligans haben mit den Hippies und SDS-Anhängern der 60er-Jahre wenig mehr als das jugendliche Alter gemein. Ähnliche Erscheinungs- bzw. Aktionsformen dürfen nicht über die gegensätzlichen Zielsetzungen und Grundwerte solcher Gruppen hinwegtäuschen. Im Unterschied zu Teilen der APO-Generation sucht der Rechtsextremismus heute nur mit brutalster Gewalt zu realisieren, was die „schweigende Mehrheit“ im Land angeblich denkt. „In gewissem Sinne handeln ‚Rassisten‘ eher in Einklang mit den herrschenden Verhältnissen denn in Opposition zu diesen; sie unterscheiden sich von der herrschenden Politik vor allem dadurch, daß sie rücksichtsloser durchsetzen, was jene nahe legt: die Reduzierung der Zahl der Fremden in unserem Lande zur Sicherung des eigenen Wohls.“[26]

Linke Lehrer und rechte Schüler: Gewalt als Produkt fehlender oder falscher Erziehung?

Der Fehldeutung des Rechtsextremismus als „Jugendprotest“ trat ein nicht weniger einflussreiches Interpretationsmodell zur Seite, wonach dieser als typische Reaktion auf die linke Protestgeneration der 60er-, 70er- oder 80er-Jahre zu begreifen ist. Seit jeher wird in Deutschland die Linke für alle Wahlerfolge und Gewalttaten der extremen Rechten verantwortlich gemacht: Gab man in Weimar den Sozialdemokraten (Aufkündigung der Großen Koalition im Frühjahr 1930) und/oder den Kommunisten (Zusammenarbeit mit der NSDAP) die Schuld für Hitlers „Machtergreifung“ am 30. Januar 1933, so war es in den 60er-Jahren die APO, mit der man sowohl den RAF-Terrorismus wie den Aufstieg der NPD zu erklären versuchte.

Konservative Kreise behaupten, dass die radikale Linke das Wertfundament der parlamentarischen Demokratie systematisch untergraben und mittels ihrer Laisser-faire-Haltung junge „Mini-Rambos“ bzw. „Monster-Kids“ herangezüchtet habe. Die „Konfliktpädagogik“ der „68er“-Lehrergeneration sei, so heißt es, zum Einfallstor für die Aggression von Schülern geworden. Sogar mit dem „Duz-Syndrom“ linker Lehrer/innen und Professor(inn)en gegenüber Schüler(inne)n und Studierenden wird der Aufschwung des Rechtsextremismus in Verbindung gebracht.[27] Am 10. Dezember 1992 stellte der damalige Kanzler Helmut Kohl im Bundestag die rhetorische Frage, „ob nicht viele der so genannten Reformversuche im Bildungswesen an Stelle des erhofften Ziels vielfach das Gegenteil erreicht haben. Statt des ‚herrschaftsfreien Diskurses' erleben wir jetzt immer mehr gewalttätige Auseinandersetzungen."[28]

Beate Scheffler, damals nordrhein-westfälische Landtagsabgeordnete der GRÜNEN und Lehrerin von Beruf, spitzte den Gedanken in einer Broschüre ihrer Fraktion selbstkritisch zu: „Wir haben unsere Erziehungsziele nicht erreicht. Statt der mündigen, sozial und ökologisch engagierten Jugend hat unsere Erziehung eine Spezies hervorgebracht, die zum überwiegenden Teil egozentrisch, konsumorientiert und im schlimmsten Falle sogar gewalttätig und fremdenfeindlich ist."[29] Claus Leggewie führte die Eskalation der Gewalt in einem „Plädoyer eines Antiautoritären für Autorität" überschriebenen ZEIT-Artikel (vom 5. März 1993) auf Defizite der familialen Sozialisation zurück und sprach von einer „verlorenen Generation", die sich selbst und dem Fernsehkonsum überlassen bleibe: „Die in verdächtiger Eile als ‚Nazi-Kids' gebrandmarkten Gewalttäter sind Erziehungswaisen, Angehörige einer neuen vaterlosen und fatal auf die (hilflosen) Mütter fixierten Generation. Aber nicht die Schläge der Väter und die Strenge der Mütter, sondern Abwesenheit und Gleichgültigkeit der Älteren bleuten ihnen das ‚autoritäre' Denken und Handeln ein."

Rassistische Jugendgewalt wird als Resultat fehlender oder falscher Erziehung begriffen, gerade so, als stünde den militanten Skinheads eine gewaltfreie, friedliche Welt wohlerzogener Erwachsener gegenüber.[30] Empirisch ließ sich diese These natürlich nicht halten. Vielmehr sprachen Ergebnisse vieler Untersuchungen gegen eine zu große Liberalität in der Erziehung als mögliche Ursache für jugendlichen Rechtsextremismus. Demnach ist die Übereinstimmung zwischen eigenen Vorurteilen gegenüber Ausländern und einer Ablehnung der Familie gegenüber Asylbewerbern weiter verbreitet als der Fall, dass prinzipielle Unterschiede zwischen der eigenen und Positionen der Eltern gesehen werden.[31]

Arno Klönne macht auf die „politischen Verwertungsinteressen“ von Erklärungsansätzen aufmerksam, in denen jugendlicher Rechtsextremismus als eine Spätfolge des Jahres 1968 erscheint, was nicht ausschließt, dass die Unglaubwürdigkeit einzelner Repräsentanten der APO-Generation die politische Sozialisation von Jugendlichen beeinflusst: „Im Einzelfall kann für die ‚Rechtswende‘ eines Jugendlichen die Rebellion gegen ‚linke‘ Eltern oder Pädagogen durchaus eine Bedeutung haben, aber der Trend hin zum Rechtsextremismus insgesamt ist damit nicht erklärbar.“[32]

Wenn die „Alt-68er“ überhaupt eine Mitverantwortung für Rechtsentwicklung und Gewalt in der Bundesrepublik tragen, dann deshalb, weil sie als Personen beim „Marsch durch die Institutionen“ erheblich mehr verändert wurden als diese, also wegen mangelnder Konsequenz, tief greifende Gesellschaftsveränderungen auch gegen mächtige Interessengruppen durchzusetzen, nicht aber wegen ihrer teilweise illusionären Forderungen und idealistischen Reformvorstellungen selbst. Nicht Willy Brandts Antrittsversprechen, „mehr Demokratie wagen“ zu wollen, sondern dass seit dem 28. Januar 1972, als der Bundeskanzler und die Ministerpräsidenten den sog. Radikalenerlass verkündeten, immer weniger Demokratie gewagt wurde, hat – zusammen mit der sozialen Polarisierung und einer Marginalisierung größerer Teile der Bevölkerung – die Rechtsentwicklung begünstigt. Faschoskins und Neonazis von heute sind in den letzten Jahren – nicht schon eine Dekade früher – aufgewachsen, sodass sie die „geistig-moralische Erneuerung“ der von 1982 bis 1998 regierenden CDU/CSU/FDP-Koalition erheblich stärker beeinflusst haben dürfte als die ohnehin höchstens in einigen Groß- und Universitätsstädten des Landes spürbare „Kulturrevolution“ der APO-Generation.

5. Konkurrenzverhältnisse und politische (Un-)Kultur als Schlüsselfaktoren zur Erklärung des gegenwärtigen Rechtsextremismus

Im vorliegenden Buch wird für ein Erklärungsmodell plädiert, das die folgenden Faktoren für (Standort-)Nationalismus, Rassismus und rechte Gewalt verantwortlich macht: die Konkurrenz als Triebkraft des kapitalistischen Wirtschaftssystems, die Globalisierung, präziser gesagt: die neoliberale Modernisierung nicht nur des Wohlfahrtsstaates, sondern fast aller Bereiche der Gesellschaft sowie bestimmte Erblasten der politischen Kultur. Der modernisierte Rechtsextremismus stellt eine ideologische Mixtur marktradikaler Ideen, die als „neoliberal" bezeichnet werden, und einer neuartigen Form des Nationalismus dar. Da die Neoliberalen das Elite- und Leistungsdenken früherer Epochen heute wieder auffrischen, deckt sich die gesamtgesellschaftliche Rechtsentwicklung teilweise mit ihren Zielsetzungen, wiewohl nicht – nach Art einer Verschwörungstheorie – unterstellt werden soll, diese Übereinstimmung sei von den handelnden Personen beabsichtigt.

Globalisierung, neoliberale Modernisierung und Entsolidarisierung

„Globalisierung" heißt das Schlagwort, mit dem die meisten Sozialwissenschaftler/innen neuere Entwicklungstendenzen in Staat, Wirtschaft und Gesellschaft der Bundesrepublik und anderer hoch entwickelter kapitalistischer Länder bezeichnen. Präziser erscheint es jedoch, von einer neoliberalen Modernisierung zu sprechen. Bei ihr handelt es sich um ein gesellschaftspolitisches Projekt, das alle Lebensbereiche den Gesetzen der Konkurrenz, den Leistungsanforderungen des (Welt-)Marktes und privaten Verwertungsinteressen unterwirft.[1]

An die Stelle eines jahrzehntelangen Rüstungswettlaufs zwischen zwei Militärbündnissen (NATO und Warschauer Pakt) trat 1989/90 ein ökonomisch-technologisches Ringen zwischen drei großen Wirtschaftsblöcken: Nordamerika unter US-amerikanischer, Westeuropa unter deutscher und Südostasien unter japanischer Führung kämpfen um Absatzmärkte, Marktanteile, Anlagesphären, strategische Rohstoffe, Ressourcen und Patentrechte. Es scheint fast, als sei nach dem „Sieg über den Staatssozialismus" dem Sozialstaat der Krieg erklärt worden. Offenbar stellte der Wegfall einer – noch nicht einmal attraktiven, vielmehr zentralistischen und bürokratisierten – Systemalternative die im nordwestlichen Kontinentaleuropa vorherrschende Entwicklungsvariante der *Sozialen* Marktwirtschaft („rheinisches Modell" genannt) zur Disposition.

„Globalisierung" wurde zur Chiffre für grenzenloses Profitstreben auf Kosten von Belegschaften, Arbeitslosen und Rentner(inne)n, „Standortsicherung" zum Schlachtruf der erfolgreichsten Gruppen im gesellschaftlichen Verteilungskampf. Großunternehmer und Topmanager blieben dadurch von öffentlicher Kritik an ihrem Handeln verschont. Nur wenn auf Bilanzpressekonferenzen gleichzeitig Milliardengewinne und Massenentlassungen verkündet wurden, nahmen die Medienvertreter/innen noch Anstoß am Treiben multinationaler Konzerne, das dem Sozialstaatsgebot des Grundgesetzes (Artikel 20, 28) sowie seiner Forderung „Eigentum verpflichtet" (Artikel 14) diametral widersprach.

Was als naturwüchsiger Prozess erscheint, der die Bundesrepublik – genauso wie andere Länder – zwingt, ihre Lohn- bzw. Lohnnebenkosten und Sozialleistungen zu senken, um konkurrenzfähig zu bleiben oder zu werden, basiert auf wirtschafts-, währungs- und finanzpolitischen Entscheidungen der mächtigsten Industriestaaten, die nach dem Zusammenbruch des Weltwährungssystems von Bretton Woods 1973 unter dem wachsenden Einfluss des Neoliberalismus versuchten, das Kapital von seinen Fesseln zu befreien. „Im Namen der ökonomischen Heilslehre vom freien, grenzenlosen Markt haben sie seit Beginn der siebziger Jahre systematisch alle Schranken niedergerissen, die ehedem den grenzüberschreitenden Geld- und Kapitalverkehr regierbar und damit beherrschbar machten.“[2]

Jens Borchert sieht in der Globalisierung nichts prinzipiell Neues, sondern nur den Ausdruck einer neuen Entwicklungsphase des Kapitalismus, verbunden mit einer strategischen Umorientierung multi- bzw. transnationaler Konzerne von der Marktexpansion zur Kostensenkung (im Lohn- und Sozialbereich) wie zur Finanzspekulation mit höheren Renditen.[3]

Im viel beschworenen „Zeitalter der Globalisierung“ gilt das Soziale als Luxus, den sich selbst eine wohlhabende Industrienation wie die deutsche nicht mehr leisten kann. Der moderne Sozialstaat sei zu teuer, heißt es allenthalben. Selbst die Verteidiger des bestehenden Systems sozialer Sicherung zweifeln an seiner Finanzierbarkeit, aber auch an seiner Leistungsfähigkeit. Sozialstaatlichkeit gilt Neoliberalen als Standortnachteil, der die internationale Konkurrenzfähigkeit des Landes oder gar des Kontinents gefährdet. Der (nordwest)europäische Wohlfahrtsstaat erscheint seinen Kritikern als von der ökonomisch-technologischen Entwicklung überholt und als Hemmschuh der internationalen Wettbewerbsfähigkeit.

Die tiefe Sinnkrise des Sozialen besteht darin, dass es – quer durch die etablierten Parteien und fast alle gesellschaftlichen Lager – primär als Belastung der Volkswirtschaft und Gefährdung für ihre Konkurrenzfähigkeit auf den Weltmärkten gesehen, aber nicht mehr als eigenständiger Faktor begriffen wird, der mit über die Humanität und Lebensqualität einer Gesellschaft entscheidet. Der moderne Sozialstaat erscheint den sog. Global Players, also Konzernen und weltweit agierenden Institutionen, zunehmend als Investitions- und Entwicklungshindernis.[4]

„Standortsicherung“ kehrt das Verhältnis von Ökonomie und (Sozial-)Politik um; Letztere wird zur abhängigen Variablen der Volkswirtschaft herabgewürdigt. In den Mittelpunkt politischen Handelns rückt die (angeblich) bedrohte Wettbewerbsfähigkeit des „Industriestandortes D“. Keineswegs die Globalisierung selbst, sondern das Konzept der „Standortsicherung“ zwingt zu einer Kürzung von Sozialleistungen und einer Umverteilung „von unten nach oben“. Man verwechselt Ursache und Wirkung, wenn man die neoliberale Hegemonie, d.h. die öffentliche Meinungsführerschaft des Marktradikalismus, als naturwüchsiges Resultat des Globalisierungsprozesses begreift. Vielmehr trug der Neoliberalismus seit der Weltwirtschaftskrise 1974/76 gezielt zum „Triumph des Marktes“ bei.[5]

Durch die Vereinigung ergaben sich für einen liberalkonservativen „Umbau“ des Wohlfahrtsstaates in Deutschland besonders günstige Rahmenbedingungen: Das Ende der DDR und ihr Beitritt zur Bundesrepublik erlaubten es, Einschnitte in Leistungsgesetze mit „finanziellen Lasten der Einheit“ zu rechtfertigen und „Solidarität“, einen traditionellen Schlüsselbegriff der Arbeiter- und Gewerkschaftsbewegung, im nationalistischen Sinne umzubiegen. So gab etwa das Presse- und Informationsamt der Bundesregierung 1990 eine schwarz-rot-golden umrandete Broschüre mit dem Titel „Nationale Solidarität mit den Menschen in der DDR“ heraus. Außerdem lag es offenbar nicht nur für die sog. Neue Rechte, sondern auch für einen Großteil der wirtschaftlichen, politischen und wissenschaftlichen Führungskräfte nahe, das wiedervereinte Deutschland im Unterschied zur „alten“ Bundesrepublik als „zurückgewonnenen Nationalstaat“ und weniger als demokratischen Sozialstaat zu begreifen.

Die Rolle des Sozialen wurde relativiert durch eine teils kampagnenartig geführte Missbrauchsdebatte, die zuerst ausländische Flüchtlinge (Asyldiskussion), später auch deutsche Sozialhilfeempfänger/innen, abhängig Beschäftigte und Erwerbslose traf, sowie eine Globalisierungs- bzw. Standort(sicherungs)diskussion, in der man vor allem seinen ökonomischen Nutzen bestritt. Parallel dazu erfolgten Senkungen des Leistungsniveaus und eine Reprivatisierung sozialer Risiken sowohl durch die Kürzung von Transferleistungen, den Leistungsausschluss (etwa bei Zahnersatz für nach 1978 Geborene) bzw. die Erhöhung sog. Eigenbeteiligungen von Betroffenen (bei Medikamenten, Krankenhausaufenthalten und Kuren) wie durch die Ausgrenzung von Millionen Menschen aus dem Sozialversicherungssystem (starke Zunahme der geringfügigen Beschäftigungsverhältnisse und der Scheinselbstständigkeit).

Marktgesetze und Konkurrenzmechanismen hielten verstärkt Einzug auch in Gesellschaftsbereiche, die bisher davon frei waren oder – wie das Sozial- und Gesundheitswesen – sogar ein Gegengewicht hierzu bildeten. Durch die Anwendung betriebswirtschaftlicher Mittel und Methoden, oft unter dem „Diktat leerer Kassen“ begonnen, jedoch als Verwaltungsreform deklariert und mit wohlklingenden Etiketten („Neues Steuerungsmodell“, „Qualitätssicherung“, „Kundenorientierung“ o.ä.) versehen, wurden Einsparreserven und Rationalisierungspotenziale genutzt.

Nicht *weniger*, sondern ein *anderer* Staat steht auf der Tagesordnung liberalkonservativer Politik. Der neoliberale Minimalstaat ist durch die (vorgeblich aus Gründen der internationalen Wettbewerbsfähigkeit nötige) Reduktion der Wohlfahrt verstärkt zur Repression gegenüber „randständigen“ Personengruppen gezwungen, die als Modernisierungs- bzw. Globalisierungsverlierer/innen und Opfer seiner rückwärts gerichteten „Reformpolitik“ bezeichnet werden können. Zuerst werden die Menschen- bzw. Bürgerrechte solcher Personen angetastet, die sich als Leistungsempfänger/innen ohnehin in einer prekären Situation und einer ausgesprochen schwachen Rechtsposition befinden.

Das eigentliche Wesen der Globalisierung bildet die Überwindung nationaler und kontinentaler Grenzen, die Auswirkungen der Standortpolitik hingegen bestehen in der Wohlstandsmehrung für relativ wenige und in der Verarmung vieler Menschen, verbunden mit einer Tendenz zur Spaltung von Wirtschaft, Gesellschaft und (Sozial-)Staat. Der ganze Planet wird quasi in Gewinner- und Verliererstaaten, jede einzelne Gesellschaft noch einmal in soziale Auf- und Absteiger/innen gespalten, aber auch die Volkswirtschaft selbst bleibt von dem besagten Spaltungsprozess nicht verschont: Die fortan zweigeteilte Wirtschaftsstruktur umfasst neben einem prosperierenden Sektor mit steigender Produktivität einen ständig wachsenden Niedriglohnbereich, in dem längst nicht mehr nur Frauen tätig sind.

Mit der Armut ist Reichtum eine quantitativ bedeutsame, wenn nicht eine Massenerscheinung geworden. Vor allem die Steuerpolitik der CDU/CSU/FDP-Regierung sorgte während der 80er- und 90er-Jahre dafür, dass sich die Einkommensverteilung zu Lasten von Arbeitnehmer(inne)n und ihren Familien verschob, während begünstigt wurde, wer Einkünfte aus Unternehmertätigkeit und Vermögen erzielte.[6] Zu nennen sind Senkungen der Körperschaftsteuer, die Abschaffung der Vermögen- und der Gewerbekapitalsteuer sowie eine Vielzahl von Sonderabschreibungen, enthalten in Jahressteuergesetzen, dem Fördergebietsgesetz, dem sog. Standortsicherungsgesetz und mehreren Finanzmarktförderungsgesetzen.

Die gesellschaftlichen Kern- und Randschichten konstituieren separate Lebenswelten, spezifische soziokulturelle Milieus und ethnische Gemeinschaften, was sich in ökonomischen Krisen und Umbruchperioden politisch für eine Radikalisierung nach rechts ausnutzen lässt. Die neoliberale Hegemonie führt also nicht nur zu einer Dichotomie der Sozialstruktur, sondern auch zu verstärkter Sozialdemagogie rechtsextremer Organisationen und womöglich zu einer Krise der Demokratie.

Einflüsse der politischen Kultur auf den Rechtsextremismus in Deutschland bis zur DDR-„Wende"

Neben den ökonomischen Macht- und Herrschaftsverhältnissen, die im Zuge der Globalisierung eine neue Gestalt annehmen, prägt die politische (Un-)Kultur eines jeden Landes seine extreme Rechte, deren Ideologie, Organisationsstruktur und Führerpersönlichkeiten, aber auch die Art und Weise, wie ihnen demokratische Kräfte begegnen. Unter der „politischen Kultur" sind geistige Traditionslinien, Mentalitätsbestände sowie Haltungen der Bürger/innen gegenüber den staatlichen Institutionen und Strukturen zu verstehen, also die subjektive Dimension des Politischen. Erblasten der politischen Kultur in Deutschland waren und sind zum Teil noch immer: ein ausgeprägtes Freund-Feind-Denken, die Fixierung auf Staat (Etatismus) und Obrigkeit (Untertanenmentalität), politischer Konformismus und übertriebene Harmoniesucht, Autoritarismus und Antipluralismus, Antiintellektualismus und Irrationalismus, ein Hang zum (rechtlichen) Formalismus, die preußische Ordnungsliebe sowie eine Schwäche vieler Männer für militärische Disziplin.[7] Sie gipfelten in einem Nationalismus, der von der Reichsgründung 1871 bis zur Niederlage 1945 besonders aggressiv war, weil Deutschland als „verspätete Nation" (Helmuth Plessner), von der Ungleichzeitigkeit zwischen Industrialisierung und Demokratisierung geprägt, wenn nötig mit Waffengewalt einen Weltmachtstatus zu erlangen suchte.

Das sog. Dritte bzw. Großdeutsche Reich fußte weniger auf Sympathien der Bevölkerung mit dem Nationalsozialismus als auf ihrer Identifikation mit dem im monarchischen Obrigkeitsstaat wie in der Weimarer Republik übermächtigen Nationalismus. Das NS-Regime hat den Nationalismus nicht – wie oft behauptet wird – pervertiert, also für Kriegsverbrechen und Völkermord *missbraucht*, vielmehr nur auf die Spitze getrieben. Obwohl Deutschlands bedingungslose Kapitulation und Okkupation durch die alliierten Siegermächte nicht bloß bedeuteten, dass der

Nationalsozialismus gescheitert, sondern auch, dass der Nationalismus seiner Legitimationsgrundlage beraubt war, blieb Letzterer – genauso wie der Antisemitismus – ein konstitutiver Bestandteil der „deutschen Ideologie".

Wenngleich die Nation in der Altbundesrepublik trotz einer von Regierung und Opposition benutzten Wiedervereinigungsrhetorik keinen zentralen Bezugspunkt der kollektiven Identitätsbildung mehr darstellte, war der Glaube, die Deutschen seien ein besonders tüchtiges, fleißiges und begnadetes Volk, tief im Massenbewusstsein verankert. Eine Renaissance des Nationalismus setzte aber auch nicht erst mit der DDR-„Wende" im Herbst 1989 und der Wiedervereinigung am 3. Oktober 1990, sondern spätestens nach dem Regierungswechsel im Oktober 1982 ein, als sich die CDU/CSU/FDP-Koalition der sog. Deutschen Frage zuwandte und diese in „Berichten zur Lage der Nation" wieder für „offen" erklärte. Gleichzeitig verkündete das Bundeskabinett eine neue Ausländerpolitik, welche die sog. Gastarbeiter – im Gesetz zur Förderung der Rückkehrbereitschaft von Ausländern – durch eine Geldprämie zur Rückkehr ins Herkunftsland ermunterte, sie damit jedoch als unerwünscht brandmarkte und die Neidgefühle deutscher Kollegen weckte. Wenig später hielt das Deutschlandlied (manchmal mit allen seinen drei Strophen) in Schulbücher, Klassenräume, Fußballstadien sowie Rundfunkanstalten Einzug. Forderungen nach einer Neukonturierung der „nationalen Identität" fungierten als Brücke zwischen der „liberal-konservativen Mitte" und der extremen Rechten.

Die grenzrevisionistischen bzw. revanchistischen Bestrebungen innerhalb der Vertriebenenverbände wurden von der Bundesregierung mehr oder weniger offen unterstützt. 1984/85 kam es zum Eklat, als die Landsmannschaft Schlesien ankündigte, dass der damalige Bundeskanzler Kohl auf ihrem bevorstehenden Deutschlandtreffen unter dem Motto „40 Jahre Vertreibung – Schlesien bleibt unser" sprechen werde. Zwar wurde diese Losung leicht abgewandelt („40 Jahre Vertreibung – Schlesien bleibt unsere Zukunft im Europa freier Völker"), an der Stoßrichtung dieser Veranstaltung und der Teilnahme hochrangiger Unionspolitiker änderte sich aber nichts. Als Helmut Kohl am 8. Mai 1985 gemeinsam mit US-Präsident Ronald Reagan den Soldatenfriedhof in Bitburg besuchte, wo sich auch zahlreiche Gräber von Angehörigen der Waffen-SS befinden, wurden die NS-Täter durch einen symbolischen Akt rehabilitiert. Für Micha Brumlik war dies ein „obszönes Ritual" und ein klares Signal zur „Rechtsverschiebung des bürgerlichen Lagers" durch die CDU/CSU: „Im Jahre 1985, vierzig Jahre nach dem Ende des Zweiten Weltkrieges, der Befreiung Deutschlands vom Nationalsozialismus, leitete die große konservative Volkspartei den ideologischen Rechtsruck ein."[8]

1986/87 wurde im sog. Historikerstreit versucht, die Liberalisierung der politischen Kultur, die mit dem Höhepunkt der Schüler- und Studentenbewegung im Jahr 1968 assoziiert wurde, durch eine Relativierung des Holocaust und Rehabilitierung der NS-Täter rückgängig zu machen. Langsam verschob sich das politische Koordinatensystem der Bundesrepublik nach rechts. Später knüpften Debatten über das Buch „Hitlers willige Vollstrecker" von Daniel J. Goldhagen und Martin Walsers Frankfurter Friedenspreis-Rede im Oktober 1998 daran wenigstens mittelbar an. In diesem Zusammenhang sei auch verwiesen auf die Forderung des CDU/CSU-Fraktionsvorsitzenden im Bundestag, Friedrich Merz, nach Anpassung von Migrant(inn)en an eine „deutsche Leitkultur" und die „Nationalstolz"-Debatte um Umweltminister Trittin und CDU-Generalsekretär Meyer.

Von der Vereinigungseuphorie zur Globalisierungshysterie: deutscher Nationalismus im Wandel

Die deutsche Vereinigung hat den Nationalismus wieder zu einer relevanten Größe gemacht. Nun bekamen Kräfte spürbar Auftrieb, denen „das Nationale“ immer schon mehr als „das Soziale“ am Herzen gelegen hatte. Zwar konnten REPublikaner, DVU und NPD von dem „Jahrhundertereignis“ nicht profitieren, sondern eher die Unionsparteien, als eigentliche Sieger fühlten sich aber jene, die nach „Mitteldeutschland“ nun auch die ehemaligen Ostgebiete des sog. Dritten bzw. Großdeutschen Reiches „heimholen“ wollten.

Wiewohl es nach der Vereinigung von DDR und Bundesrepublik weder hüben noch drüben einen „Nationalrausch“ (Wolfgang Herles) gab, hat eine teilweise Renationalisierung der Politik und der politischen Kultur stattgefunden. Die am 20. Juni 1991 getroffene Entscheidung des Parlaments, in das Reichstagsgebäude nach Berlin überzusiedeln, wurde zumindest von Teilen der Öffentlichkeit als Distanzierung von der „Bonner Republik“, als definitive Abkehr von der Westorientierung und längst überfällige „Rückbesinnung auf die Nation“ interpretiert. Seit nicht mehr zwei miteinander verfeindete Teilstaaten existieren, kann Deutschland wieder als politisches Kollektivsubjekt erscheinen, das „selbstbewusst“ handeln soll und seinen Bürger(inne)n mehr Leistungs- bzw. Leidensfähigkeit abverlangen muss.

Politisch-kulturelle Traditionen entscheiden mit darüber, auf welche Art eine Wirtschaftskrise oder eine gesellschaftliche Umbruchsituation, etwa DDR-„Wende“ und deutsche Wiedervereinigung, kollektiv „verarbeitet“ werden. Sofern ausgrenzend-aggressive Momente in der politischen Kultur eines Landes dominieren, werden die gesellschaftlichen Verteilungskämpfe zu Abwehrgefechten der Einheimischen gegen „Fremde“ und zu interkulturellen Konflikten hochstilisiert, eine Einstellung, die für die Entstehung und Entwicklung von organisatorischen Zusammenschlüssen

(Parteien, Gruppen bzw. Neonazi-Kameradschaften), aber auch für die Motivation rechter Gewalttäter eine Rolle spielt.

Die 1991/92 extrem zugespitzte Asyldebatte hat nicht nur dem Grundrecht geschadet, sondern auch die Verfassung und die demokratische Kultur der Bundesrepublik beeinträchtigt. Günter Grass sprach mit Blick auf die Asylhysterie vom „Niedergang der politischen Kultur im geeinten Deutschland", gar von einem „Rechtsrutsch", welcher als „bundesweite Verlagerung der politischen Mitte" begriffen werden müsse.[9] Obwohl im Rahmen des Asylkompromisses zwischen CDU/CSU, FDP und SPD vereinbart, blieb die Reform des Staatsbürgerschaftsrechts, das sich immer noch auf das Blutsrecht (entscheidend ist die Abstammung, nicht der Lebensmittelpunkt) stützt, bis zum Regierungswechsel im Herbst 1998 aus und wurde anschließend nur halbherzig verwirklicht.

Ausschlaggebend dafür war die Unterschriftensammlung der CDU/CSU gegen die Tolerierung der doppelten Staatsbürgerschaft vor der hessischen Landtagswahl im Februar 1999, durch deren Ausgang sich die Mehrheitsverhältnisse im Bundesrat entscheidend zu Gunsten der Union verschoben. Die vom bayerischen Ministerpräsidenten Edmund Stoiber (CSU) initiierte und gemeinsam mit dem damaligen CDU-Vorsitzenden Wolfgang Schäuble sowie Roland Koch, dem Spitzenkandidaten in Hessen, organisierte Kampagne ließ eine politische Arbeitsteilung bzw. Doppelstrategie der beiden Schwesterparteien erkennen: „Die CSU sprach mit populistischen Parolen gegen kriminelle Ausländer und Terroristen ‚das Volk' an, die CDU begegnete danach den Vorwürfen, die Aktion sei ausländerfeindlich, mit der Beteuerung, alles geschehe im Namen der Integration, also irgendwie auch zum Wohle der Ausländer."[10]

Diesem geschickten Schachzug der Opposition hatte die rotgrüne Koalition nichts Substanzielles entgegenzusetzen, weil sie ihr Reformziel nicht offensiv verteidigte und auf eine Mobilisierung für die grundlegende Modernisierung des antiquierten deutschen Staatsbürgerschaftsrechts verzichtete. Stattdessen schwenkte man sofort auf den Kompromissvorschlag, das sog. Optionsmodell der FDP, ein. „Der ursprüngliche Charakter der geplanten Reform wurde derart verwässert, dass er seine Zielsetzung, die staatsbürgerliche Integration von lange und dauerhaft hier lebenden ‚Ausländern', nicht den Erwartungen entsprechend erfüllen konnte."[11]

Gudrun Hentges erklärt die Brisanz und Resonanz der im Oktober 2000 entbrannten „Leitkultur"-Diskussion mit dem Zeitpunkt, zu welchem sie geführt wurde: „Ein Jahrzehnt nach der Auflösung des sozialistischen Staatensystems und der Wiedervereinigung der beiden deutschen Staaten stellt sich die Frage nach der ‚selbstbewußten Nation' neu – nicht nur in der sog. Sicherheits- und Verteidigungspolitik, sondern auch im Bereich der Ausländer- und Asylpolitik."[12] Tatsächlich befindet sich die Bundesrepublik an einem möglichen Wendepunkt ihrer Entwicklung, an dem eine zentrale Weichenstellung auf unterschiedlichen Politikfeldern erfolgt. Die Beantwortung der Frage, ob tatsächlich das vereinte Deutschland wieder nach einer Weltmachtrolle strebt und sich dafür ökonomisch-technologisch wie militärisch rüstet, dürfte von den vorherrschenden Diskursen abhängen, ihrerseits deren Verlauf jedoch auch ganz wesentlich beeinflussen.

Gegenwärtig scheint es so, als würden die Themen der Rechten zu Themen der Mitte: Beispiele für eine Ethnisierung und Kulturalisierung sozialer, politischer sowie ökonomischer Debatten belegen, dass sich dieser Prozess quer durch das etablierte politische und öffentliche Gefüge hindurchzieht.[13] Wie man ungewollt rechte Gewalt legitimiert, demonstriert die öffentliche Kontroverse um das Bekenntnis des CDU-Generalsekretärs Laurenz Meyer im *Focus* (vom 30.10.2000), er sei stolz, ein Deutscher zu sein. Meyer hatte den Beschluss von Bündnis 90/Die Grünen, den ursprünglichen Asylparagrafen 16 des Grundgesetzes wieder herzustellen, als „Rückfall in Müsli-Nostalgie" attackiert. In einem WDR-Interview konterte Bundesumweltminister Trittin am 19. März 2001:

„Laurenz Meyer hat die Mentalität eines Skinheads und nicht nur das Aussehen.“ Als Johannes Rau nach Rücktrittsforderungen der Union gegenüber Trittin bemerkte, man könne nur auf eigene Leistungen, nicht jedoch auf die Nationalität stolz sein, musste sich sogar das Staatsoberhaupt der Bundesrepublik einen Mangel an Patriotismus vorwerfen lassen. Weit über das ultrarechte Spektrum hinaus wurde die Position bezogen, Deutschsein verlange einen entsprechenden Nationalstolz.

Zuwanderung, Leitkultur und Nationalstolz

Von der Leitkultur-Diskussion führte ein gerader Weg zur Nationalstolz-Debatte, vergleichbar dem Weg von der Asyldiskussion zur Standortdebatte, die Mitte der 90er-Jahre das Einfallstor für eine neue Spielart des Nationalismus darstellte. War zuerst die Furcht verstärkt worden, Ausländer nähmen „den Deutschen die Arbeitsplätze“ weg, so entstand nun der Eindruck, das deutsche Kapital wandere ins Ausland ab, was ähnliche Ängste hervorrufen musste (Titelzeile auf Seite 1 von *Bild* am 6. Oktober 1999: „Hochsteuerland Deutschland: Haut Daimler ab in die USA?“).

Das in der Bundesrepublik stärker als in anderen Ländern verbreitete Bewusstsein, auf den internationalen Märkten bestehen und die Überlegenheit des „eigenen“ Wirtschaftsstandortes durch „deutschen Erfindungsgeist“, größeren Fleiß und mehr Opferbereitschaft unter Beweis stellen zu müssen, nenne ich „Standortnationalismus“. Seit einiger Zeit avanciert Konkurrenzfähigkeit zum Dreh- und Angelpunkt, was nicht ohne Konsequenzen für das gesellschaftliche Klima bzw. die politische Kultur bleibt. Für die Nichtdeutschen ergeben sich daraus schlechtere Aufenthaltsbedingungen: „In einer Situation, in der das ‚ganze Volk‘ angehalten wird, ‚den Gürtel enger zu schnallen‘, liegt es auf den Stammtischen, daß ‚Fremde‘, seien es Arbeitsmigranten, Asylbewerber oder Flüchtlinge, nicht auch noch von den ohnehin knappen

Mitteln bedient werden können. ‚Deutsch sein' heißt unter den Bedingungen des modernen Wohlfahrtsstaates, den eigenen Wohlstand zu verteidigen und Ansprüche anderer Gruppen zu delegitimieren und abzuwehren.“[14]

Gleichzeitig eröffnen sich dem Rechtsextremismus ideologische Anknüpfungspunkte. Was bereits in der Ablehnung „deutschstämmiger“ Aussiedler durch Anhänger und einzelne Gliederungen der REPublikaner zum Ausdruck kam, bestätigt sich: Nicht mehr der mythisch-völkische, sondern ein modernisierter, neoliberal und marktradikal orientierter Nationalismus beherrscht mittlerweile die ultrarechte Szene. Je enger die Verteilungsspielräume einer Gesellschaft werden, desto mehr wächst die Versuchung, sog. Randgruppen von bestimmten Ressourcen auszuschließen. „Ethnisierung“ ist ein dafür geeigneter Exklusionsmechanismus, der Minderheiten konstruiert, diese negativ (etwa als „Sozialschmarotzer“) etikettiert und damit eigene Privilegien zementiert.[15] Vordergründig geht es bei der Ethnisierung um die „kulturelle Identität“; dahinter stecken aber meist Interessenkonflikte, knappe gesellschaftliche Ressourcen betreffend.

Ende der 80er-/Anfang der 90er-Jahre gewann die Ethnizität nicht nur in Ländern der südlichen Hemisphäre und ostmitteleuropäischen Staaten im Prozess der Transformation vom Sozialismus zum Kapitalismus westlicher Prägung, sondern auch in westeuropäischen Gesellschaften an Bedeutung. Der im Kalten Krieg verbreiteten Angst vor einer „Unterwanderung“ durch Kommunisten folgte hierzulande die Angst vor einer „Überfremdung“ durch „Asylanten“ und Arbeitsmigranten. Jeder Ethnisierungsprozess hat zwei Seiten: Zuerst erfolgt eine Stigmatisierung „der Anderen“; mit der Konstituierung/Konturierung einer nationalen bzw. „Volksgemeinschaft“ sind allerdings weiter reichende politische und ökonomische Ziele verbunden. Insgesamt werden „Identitäten“ wichtiger als „Interessen“, die früher offen benannt wurden.

Ein „nationaler Wettbewerbsstaat“ (Joachim Hirsch), der kein herkömmlicher Wohlfahrtsstaat mit einer umfassenden Verantwortung für soziale Sicherheit und Gerechtigkeit mehr sein möchte, verschärft durch seine marktradikale Wirtschaftspolitik die soziale Ungleichheit und bereitet damit den Boden für gesellschaftliche Ausgrenzungs- und Ethnisierungsprozesse. Je mehr die Konkurrenz gegenwärtig in den Mittelpunkt zwischenstaatlicher und -menschlicher Beziehungen rückt, umso leichter lässt sich die ethnische bzw. Kulturdifferenz politisch aufladen.

Sozialdarwinismus fällt nicht vom Himmel, wurzelt vielmehr in der Erfahrungswelt einer Jugend, die durch das kapitalistische Leistungsprinzip, die Allgegenwart des Marktmechanismus und den Konkurrenzkampf geprägt wird.[16] Rivalität fungiert als Haupttriebkraft einer zerklüfteten, zunehmend in Arm und Reich gespaltenen Gesellschaft. „Die sozialdarwinistische Alltagsphilosophie, die damit einhergeht, erzeugt eine unauffällige, sich von direkter Gewalt fernhaltende und als ‚Sachzwang' der Ökonomie erscheinende Brutalität."[17] Wo die permanente Umverteilung von unten nach oben mit dem Hinweis auf Globalisierungsprozesse – als für die Sicherung des „eigenen Wirtschaftsstandortes" nützlich, ja unbedingt erforderlich – legitimiert wird, entsteht ein gesellschaftliches Klima, das (ethnische) Ab- und Ausgrenzungsbemühungen stützt. Dass sie in einer Zeit verschärfter Konkurrenz die ideologische Rechtfertigung der Missachtung ethischer Grundwerte und größerer sozialer Ungleichheit (im Sinne von Ungleichwertigkeit) offerieren, bildet Franz Josef Krafeld zufolge einen Hauptgrund für die wachsende Attraktivität rechtsextremer Orientierungen.[18]

Wenn renommierte Wissenschaftler von einem „Kampf der Kulturen" (Samuel P. Huntington) oder gar einem „Krieg der Zivilisationen" (Bassam Tibi) sprechen, was besonders nach den Attentaten in New York und Washington am 11. September 2001 vielen Menschen plausibel erschien, wundert es nicht, dass deutsche Jugendliche bereitwilliger als vorher zur Gewalt gegenüber Migranten greifen, die sie als mögliche Konkurrenten um knapper werdende Arbeitsplätze, Lehrstellen, Wohnungen und Sexualpartnerinnen empfinden. Die von guten Einschaltquoten und Auflagenhöhen abhängigen Massenmedien tun ein Übriges, um die Bevölkerung in „gute Einheimische“ und „böse Fremde“ aufzuteilen, wobei Journalist(inn)en ihrer Verantwortung für eine seriöse Berichterstattung nicht immer gerecht werden.

Nach mehreren Jahrzehnten massiven Widerstandes in der politischen Öffentlichkeit bildete sich in der Bundesrepublik Deutschland um die Jahrtausendwende ein Konsens darüber heraus, dass es keine Alternative zur Einwanderungsrealität gibt. Seit dem Anwerbestopp im Jahre 1973 bestanden nie mehr so große Chancen für eine breite Akzeptanz von Immigration, obwohl einzuschränken bleibt, dass die Interessen der Wirtschaft am Import und an der Verwertung von Arbeitskräften erneut den Anstoß dazu gegeben haben und der „eigene“ Nutzen bei der Diskussion über die Green Card für ausländische IT-Fachleute das Leitmotiv bildete.

Nach den Attentaten in den USA wurde der erhoffte Paradigmawechsel in der Migrationspolitik durch einen autoritären Sicherheitsdiskurs konterkariert: Der von Otto Schily im August 2001 vorgelegte und anschließend noch mehrfach veränderte Entwurf für ein Zuwanderungsgesetz erfüllte die durch eine vom Bundesinnenminister selbst berufene, nach ihrer Vorsitzenden Prof. Dr. Rita Süssmuth benannte Kommission geweckten Erwartungen nicht einmal ansatzweise. Das umstrittene und politisch hochst sensible Thema „Zuwanderung“ geriet alsbald in den Strudel des Bundestagswahlkampfes, zumal die Unionsparteien im Januar 2002 mit Edmund Stoiber einen Mann zu ihrem gemeinsamen Kanzlerkandidaten gekürt hatten, der für restriktive Regelungen bei der Arbeitsmigration und weitere Einschränkungen des Asylrechts warb.

Ausdifferenzierung des Rechtsextremismus im Zeichen der Globalisierung

Wenn vom „globalisierten Rechtsextremismus" gesprochen wird, meint man meist seine weltweite organisatorische Vernetzung und/oder seine Internet-Präsenz. Sehr viel wichtiger ist aber die Frage, welche Folgen der Globalisierungsprozess für die Entwicklung von Politik, Programmatik und Massenbasis des Rechtsextremismus hat. Kernideologien, organisatorische Formen, politische Strategien und soziale Wählerpotenziale des Rechtsextremismus differenzieren sich im Rahmen der Globalisierung aus: Neben den völkischen Nationalismus in Bevölkerungsschichten, die Angst vor einem „Turbokapitalismus" (Edward N. Luttwak) haben, tritt jener Standortnationalismus, den in erster Linie solche Schichten unterstützen, die von einer neoliberalen Modernisierung profitieren, den „Umbau" des Wohlfahrtsstaates nach Marktgesetzen vorantreiben und die soziale Ausgrenzung der weniger Leistungsfähigen verschärfen möchten.

Rechtsextremismus, Rassismus und Gewalt sind keineswegs bloß „hinterwäldlerisch" anmutende Reaktionsweisen direkt betroffener oder benachteiligter Gruppen auf Globalisierungs-, neoliberale Modernisierungs- und soziale Marginalisierungsprozesse. Vielmehr verursachen diese Prozesse auch in der gesellschaftlichen Mitte bzw. genauer: auf den „höheren Etagen" bedrohliche Erosionstendenzen.

Globalisierung, als neoliberale Modernisierung ins Werk gesetzt, führt zu diversen Spaltungen: Soziale Polarisierung innerhalb der und zwischen Gesellschaften; eine Zweiteilung des Prozesses transnationaler Wanderungen in Experten- bzw. Elitenmigration einerseits und Elendsmigration andererseits; Krise bzw. Zerfall der Städte, bedingt dadurch, dass Teile der Bevölkerung marginalisiert werden und die sozialen Räume auseinander driften.

Die neoliberale Modernisierung bewirkt auch eine Umstrukturierung, präziser: eine politisch-organisatorische wie geistig-ideologische Ausdifferenzierung des Rechtsextremismus in einen traditionalistischen und einen modernistischen Flügel. Sozialstrukturell zieht Ersterer die Globalisierungs- bzw. Modernisierungsverlierer, Letzterer besonders die Globalisierungs- bzw. Modernisierungsgewinner in seinen Bann. Über einen längeren Zeitraum hinweg existieren rechtspopulistische Parteien als Mischformen, die soziale Aufsteiger ebenso anzusprechen suchen wie sozial Benachteiligte.

Dass rechtspopulistische Strömungen trotz vager Versprechungen, missverständlicher Aussagen und zum Teil fehlenden Führungspersonals so viel Erfolg haben, liegt auch in einer Wandlung der Sozialdemokratie begründet: Diese versteht sich fast überall in Europa nicht mehr als *Arbeiter*partei bzw. als politischer Arm der Gewerkschaftsbewegung, ist vielmehr zuletzt auf die Seite der Globalisierungs- oder Modernisierungsgewinner übergewechselt und hat das Feld für rechte Sozialdemagogen geräumt.

Geradezu prototypisch für den Rechtspopulismus in Westeuropa stehen Jörg Haider und seine FPÖ, deren Erfolge primär darauf beruhen, dass sie über einen längeren Zeitraum hinweg neben sozialen Aufsteigern und Befürwortern eines Modernisierungskurses auch sozial Benachteiligte und zutiefst verunsicherte Mittelständler gewinnen konnten,[19] bis die stärkere Belastung der Arbeitnehmer/innen durch die österreichische Bundesregierung unter maßgeblicher Beteiligung der „Freiheitlichen" vor allem bei der Wiener Gemeinderats- bzw. Landtagswahl im März 2001 erhebliche Stimmenverluste nach sich zog.

Wilhelm Heitmeyer vertritt die These, „daß sich ein autoritärer Kapitalismus herausbildet, der vielfältige Kontrollverluste erzeugt, die auch zu Demokratieentleerungen beitragen, so daß neue autoritäre Versuchungen durch staatliche Kontroll- und Repressionspolitik wie auch rabiater Rechtspopulismus befördert werden."[20] Genannt seien in diesem Zusammenhang nur die sog. Anti-Terror-Pakete von Bundesinnenminister Otto Schily, die sich von den rechtspopulistischen Parolen zur Inneren Sicherheit und zur Bekämpfung der Kriminalität, wie sie die Partei Rechtsstaatlicher Offensive (PRO) von Ronald Barnabas Schill, der nach seinem Erfolg bei der Hamburger Bürgerschaftswahl im September 2001 (19,4 Prozent der Stimmen) Innensenator sowie Zweiter Bürgermeister Hamburgs wurde, kaum noch unterscheiden.

Ralf Dahrendorf spricht mit Blick auf die gleichzeitig zu verfolgenden Zielsetzungen von einer „Quadratur des Kreises", was er wie folgt begründet: „Es geht darum, drei Dinge miteinander zu verbinden, die sich nicht bruchlos verbinden lassen, nämlich erstens Wettbewerbsfähigkeit in den rauhen Winden der Weltwirtschaft zu erhalten und zu verstärken, zweitens dabei nicht soziale Solidarität und sozialen Zusammenhalt zu opfern, drittens schließlich, das alles zu tun unter den Bedingungen und durch die Institutionen freier Gesellschaften."[21] Hinsichtlich der Gefährdung demokratischer Strukturen warnte Dahrendorf davor, mögliche autoritäre Entwicklungstendenzen nur bei den politischen Extremen zu suchen: „Wenn es solche Veränderungen gibt, dann kommen sie wahrscheinlich durch den Haupteingang. Man muß viel genauer beobachten, was bei den zentralen politischen Parteien passiert, und nicht immer nur auf die Randparteien blicken, die allenfalls symbolisieren, was als Grundtendenz vorhanden ist."[22]

Durch den Abbau von Grundrechten wird dem Rechtsextremismus natürlich nicht Einhalt geboten, sondern seitens der etablierten Politik, des Staates und seines Sicherheitsapparates eher Vorschub geleistet, weil autoritäre Strukturen den ultrarechten Zielsetzungen solcher Gruppen entsprechen und gewissermaßen ein Etappenziel auf dem Weg in eine andere Republik darstellen, an das sie im Weiteren anknüpfen könnten. Dahrendorf hält denn auch eine länger andauernde Phase für möglich, in der sich auf breiter Basis undemokratische Entwicklungstendenzen durchsetzen: „Ein Jahrhundert des Autoritarismus ist keineswegs die unwahrscheinlichste Prognose für das 21. Jahrhundert."[23]

6. Gegenstrategien: Rechtsextremismus als Herausforderung für Politik und (Sozial-)Pädagogik

Rechtsextremismus, während der 90er-Jahre überwiegend als *Jugend*problem thematisiert, wurde – durchaus folgerichtig – fast nur mit (sozial)pädagogischen Methoden bekämpft, wohingegen man andere Möglichkeiten der Intervention und Prävention bislang eher vernachlässigte. Jugendarbeit und Sozialpädagogik können jedoch nur wenig ausrichten, solange die etablierte Politik und die Medien rassistische wie (standort)nationalistische Argumentationsmuster vorgeben, beispielsweise in der Diskussion über die Zuwanderung.

Hier sollen Modelle der Jugend- und Sozialarbeit dargestellt und mit einem Konzept der politischen Bildung verglichen werden, das Menschen zu erreichen sucht, die nicht am (äußersten rechten) Rand der Gesellschaft stehen, sondern ihrer Mitte angehören. „Der Generalschlüssel für alle erfolgversprechenden Konzepte gegen den Rechtsextremismus liegt in der Mitte der Gesellschaft. Nur von hier aus läßt sich der Rechtsextremismus verstehen und wirksam bekämpfen.“[1] Dagegen gehören die Fixierung auf extreme Erscheinungsformen und die kurzfristigen Wellen der Empörung mit zum Problem: „Denn sie lenken von der Notwendigkeit einer langfristig anzulegenden Auseinandersetzung mit nationalistischen und fremdenfeindlichen Tendenzen ab, die keineswegs nur bei einer kleinen Minderheit radikalisierter Rechtsextremisten aufzufinden sind.“[2]

Wenn – wie oben gezeigt – die Konkurrenzverhältnisse im globalisierten Kapitalismus bzw. die ökonomische Lage und die politische Kultur eines Landes als Schlüsselfaktoren für die Entwicklung des Rechtsextremismus gelten können, müssen Gegenmaßnahmen eben dort ansetzen.

Das NPD-Verbot in der Diskussion: Repression als geeignetes Mittel gegen den organisierten Rechtsextremismus?

Die nach dem Düsseldorfer Handgranatenanschlag im Juli 2000 intensiv geführte Diskussion über den Rechtsextremismus hatte wenig Tiefgang und blieb meistenteils an der Oberfläche, weil sie die Ursachen des Problems fast völlig aussparte. Man konzentrierte sich auf die Streitfrage, ob ein NPD-Verbot beim Bundesverfassungsgericht beantragt werden solle oder nicht. Ausgerechnet Bayerns Innenminister Günther Beckstein, der kurz vorher angeregt hatte, deutlicher zwischen „Ausländern, die uns nützen", und „Ausländern, die uns ausnützen", zu unterscheiden, brachte das NPD-Verbot ins Gespräch und blockierte damit im Grunde eine Debatte über die gesellschaftlichen, ökonomischen und politischen Hintergründe der Rechtsentwicklung.

Wer nicht darüber reden will, warum Rechtsextremismus entsteht, also die Augen vor der Rivalität in einer neoliberalen Konkurrenzgesellschaft als Quelle zunehmender Brutalität verschließt, kann zu seiner Eindämmung wenig beitragen. Anders formuliert: Gegenmaßnahmen greifen nur, wenn sie an den eigentlichen Ursachen, nicht bloß an den organisatorischen Erscheinungsformen (wie etwa der NPD), ansetzen. Die organisatorische Schlüsselbedeutung der NPD liegt in ihrer Scharnier- bzw. Brückenfunktion, d.h. der Vermittlung zwischen Nationalkonservatismus, Deutschnationalismus und Neofaschismus. Insofern würde ein Verbot „die richtige" Partei treffen, deren Kader besonders in Ostdeutschland gewisse Rekrutierungserfolge unter – meist männlichen – Jugendlichen verzeichnen. Kontraproduktiv wäre eine solche Sanktion, wenn sie nicht von anderen, die rechtsextreme Politik und Propaganda schwächenden Maßnahmen (der Sozialpolitik, der Diskriminierungsverbote in Bezug auf Minderheiten, der Jugendarbeit und der politischen Bildung) flankiert würde.

Eine rechtsextreme Partei wie die NPD zu verbieten bedeutet nicht, ihre politisch-ideologische Basis zu zerstören. Die organisatorische Schwächung der Partei bzw. die Verunsicherung von Mitgliedern und Sympathisanten kann sogar ein Pyrrhussieg für die Demokratie sein, falls sich die Betroffenen als Märtyrer gerieren und auf Gruppierungen mit ähnlicher Schlagkraft auszuweichen vermögen. So symbolträchtig ein NPD-Verbot wäre, so wenig würde damit erreicht, bliebe die Offensive gegen den Rechtsextremismus darauf beschränkt. Parteien und Organisationen sind „leere Hüllen"; viel gefährlicher und entscheidend sind die politischen Inhalte bzw. Ideologien, die sie repräsentieren und die es zu treffen gilt, weit über die zahlenmäßig relativ unbedeutende NPD hinaus.

Folkard Bremer fragt daher völlig zu Recht: „Welchen Sinn macht ein Verbot der NPD, wenn der überwiegende Teil der Rechtsextremisten sich in lockeren, bewußt nicht vereinsmäßig organisierten Kameradschaften trifft?"[3] Der von Bundesregierung, -tag und -rat gemeinsam gestellte Verbotsantrag hat nur Sinn, wenn die der NPD-Politik zugrunde liegenden Ideologien Rassismus, Nationalismus und Sozialdarwinismus mit derselben Härte bekämpft werden wie die Parteiorganisation selbst. Sonst wirkt der Verbotsantrag beim Bundesverfassungsgericht als leere Drohgebärde oder als bloßes Alibi, das womöglich den Eindruck erweckt, die Politik habe alles ihr Mögliche getan, um den organisierten Rechtsextremismus zu unterbinden. Tatsächlich könnte das NPD-Verbot auch ein Signal sein, dass Rechtsextremismus nicht mehr geduldet wird. Die prominenten Befürworter eines Verbotsantrages, allen voran die Innenminister der CDU/CSU-geführten Bundesländer, haben jedoch nicht erkennen lassen, dass sie damit eine Ächtung des Gedankengutes von Neonazis bezwecken.

Jörg Fischer, früher selbst Mitglied von NPD und DVU, hält das Verbot aller neofaschistischen Organisationen für „richtig und notwendig", aber so lange nicht für ausreichend, wie im Verhalten der Mehrheitsgesellschaft gegenüber (ethnischen) Minderheiten, die nach ihrem ökonomischen Nutzen beurteilt werden, keine grundlegende Änderung stattfindet: „Zu den Zukunftsaufgaben wird es gehören, anstelle des wirtschaftlichen Verwertbarkeitsgedankens das humanistische Menschenbild durchzusetzen und die Schreckensvision einer ‚deutschen Leitkultur' nicht Realität werden zu lassen. Denn das Mittel gegen Neofaschismus ist nicht die ‚deutsche Leitkultur', sondern die soziale, antifaschistisch-demokratische Leitkultur des Humanismus."[4]

Nötig ist eine Doppelstrategie im Kampf gegen den Rechtsextremismus: Neben die Auflösung solcher Organisationen wie „Blood & Honour" und Parteien wie der NPD muss die Aufklärung über den demokratiefeindlichen, verfassungswidrigen und zutiefst inhumanen Charakter rechtsextremistischer Politik treten. Die organisatorischen Bewegungsspielräume für Rechtsextremisten zu beschneiden schränkt die Demokratie sowenig ein, wie das Verbot des Rauschgifthandels der Gewerbefreiheit widerspricht. Ganz im Gegenteil: Demokratie erfordert, die politischen Wirkungsmöglichkeiten ihrer Todfeinde zu begrenzen.

Um den organisierten Rechtsextremismus zu schwächen, muss man die Demokratie stärken. Es kann also nicht etwa darum gehen, Grundrechte (z.B. die Meinungs- und Versammlungsfreiheit) pauschal einzuschränken, wie es die Forderung nach „Berufsverboten für Neonazis" tut, sondern darum, die bestehenden Gesetze und Strafbestimmungen konsequent gegen Rechtsextremisten bzw. gegen deren Organisationen anzuwenden, was – keineswegs zufällig – jahrzehntelang versäumt wurde, als die rechten Brandschatzer in dem Gefühl operierten, nur dem „Volkswillen" Ausdruck zu verleihen und dem Gerede der Politiker über „Scheinasylanten" und „Asylantenfluten" die erlösende Tat folgen zu lassen.

Kampagnen für Demokratie und Toleranz wiederum, die seit dem Sommer 2000 von vielen offiziellen Stellen auf Bundes-, Länder- und kommunaler Ebene gestartet wurden, müssen ins Leere laufen, weil ihnen die politische Stoßrichtung und der Gegner fehlen, zumal Migrant(inn)en gleiche Rechte und soziale Anerkennung statt paternalistischer Fürsorge und Formen der Zuwendung „von oben herab“ brauchen. „Die gut gemeinten Initiativen gegen ‚Extremismus und Fremdenfeindlichkeit‘, die wie Pilze aus dem Boden schießen, falls der warme Geldregen wieder fließt, sind allesamt blinder Aktionismus, der im besten Fall das Gewissen beruhigt oder das Publikum in dem Glauben lässt, ohne diesen Aktivismus werde es noch schlimmer.“[5]

Möglichkeiten und Grenzen der „akzeptierenden Jugendarbeit" mit rechten Cliquen

In der (Medien-)Öffentlichkeit fanden Modellprojekte der „akzeptierenden Jugendarbeit“ die größte Beachtung. Sie gilt als praktische Konsequenz aus der „Modernisierungsverlierer“-Theorie, die in gewaltbereiten Jugendlichen weniger Täter als Opfer zu sehen glaubt. Entwickelt wurde dieser Ansatz in Auseinandersetzung mit Formen antifaschistischer Jugendarbeit, die man für gescheitert, hilflos und überholt erklärte. Antifaschismus sei reaktiv angelegt und schon vom Begriff her nicht auf das Positive, sondern negativ ausgerichtet, meint Franz Josef Krafeld,[6] der diese Aktivitäten gleichzeitig als defensiv kritisiert.

Umgekehrt erscheint die akzeptierende Jugendarbeit vielen Kritikern als resignativ, weil sie nicht mehr daran glaubt, Aufklärungsprozesse in Gang setzen und die Positionen ihrer Klientel durch eine rationale, Andersdenkende überzeugende Argumentation beeinflussen zu können. Vielmehr geht es ihr vorrangig um „personenbezogenen Austausch“ statt um „sachbezogenes Überzeugen“, wie der Begründer dieses Konzepts bemerkt.[7] Man will sich mit den Problemen beschäftigen, die rechte und gewaltbereite Jugendliche haben, nicht mit jenen, die sie machen. Im persönlichen Umgang sollen die Lebenssituationen gewaltbereiter Jugendlicher geordnet, nicht deren Schlussfolgerungen aus solchen Schwierigkeiten durch politisches Handeln bekämpft werden.

Wenn die akzeptierende Jugendarbeit bei Jugendlichen überhaupt eine politische Wirkung erzielt, dann nur über die persönlichen Beziehungen. Sie grenzt nach rechts tendierende und gewalttätige Jugendliche nicht mehr aus, sondern bemüht sich um ein Vertrauensverhältnis zu ihnen, ohne sie belehren oder gar „bekehren" zu wollen. Man konzentriert sich auf die Betreuung, Beratung und Befriedung gewaltbereiter Jugendlicher, ohne deren Einstellung gegenüber Ausländern, Frauen, Homosexuellen, Behinderten und anderen Minderheiten zu problematisieren oder ihre ultrarechte Gesinnung zu thematisieren, was dem Vorwurf einer Entpolitisierung der Jugend-, Bildungs- und Sozialarbeit neue Nahrung gibt.

Die Kritik entzündete sich am Begriff „Akzeptanz", durch den sich auch Sozialpädagog(inn)en provoziert fühlen, die dem damit bezeichneten Ansatz positiv gegenüberstehen. Der in enger Anlehnung an die „akzeptierende Drogenarbeit" gewählte Terminus lässt offen, *was* akzeptiert werden soll: die Personen mit einer rechten, nationalistischen bzw. rassistischen Orientierung oder diese Orientierung selbst. Der terminologische Analogieschluss vernebelt wahrscheinlich mehr, als er verdeutlicht, zumal die Übernahme rechter oder rechtsextremer Einstellungen nichts mit einer Krankheit gemein hat: Faschisten sind keine Fixer, Skinheads keine Junkies und Hooligans keine Heroinsüchtigen.

Mittlerweile räumt Krafeld selbst ein, dass „akzeptierende Jugendarbeit" als Name für sein Konzept immer fragwürdiger geworden und eine terminologische Alternative notwendig sei. Er plädiert für den Terminus „Gerechtigkeitsorientierung", mit dem die gesellschaftspolitische Dimension des Rechtsextremismus schärfer konturiert wird: „Eine gerechtigkeitsorientierte Jugendarbeit (…) hält mit ihren Einmischungen der Gesellschaft einen Spiegel vor, indem sie deren Versäumnisse an zivilisatorischen, aufklärerischen und menschenrechtsorientierten Gerechtigkeitsdiskursen offenlegt – und zwar weniger grundsätzlich als vielmehr alltagsnah, konkret und direkt."[8]

Das Verständnis für von Identitäts- und Orientierungsproblemen heimgesuchte Jugendliche hilft, mit diesen ins Gespräch zu kommen, sie kennen zu lernen, ihnen neue Handlungschancen zu eröffnen und gewaltfreie Lösungen für zwischenmenschliche Konflikte zu finden. Kooperationsbereitschaft darf freilich nicht zur Komplizenschaft oder Kumpanei, Verstehen nicht zu Einverständnis werden.[9] Das zunächst plausibel klingende Argument, die Betreuer/innen gewaltbereiter Jugendlicher dürften sich ideologisch nicht weit von diesen entfernen, überzeugt kaum: „Würde man diesen Grundgedanken auf die Drogenarbeit übertragen, müßte man Drogenabhängige einstellen, um Menschen vom Drogenkonsum abzubringen."[10] Selbst wenn akzeptierende Jugendarbeit nur die Personen ernst nimmt, ohne deren inhaltliche Positionen zu akzeptieren, kann sie zum Einfallstor für rechtsextreme Ideologeme werden.

Zuwendung, Beziehungsarbeit und persönliche Wärme sind schwerlich geeignet, die rechte Gewalt zu unterbinden. Vielmehr läuft die akzeptierende Jugendarbeit aufgrund ihrer Täterfixierung und ihrer Konzentration auf die Beziehungsebene leicht Gefahr, mit dem prekären Selbstwertgefühl von (potenziellen) Gewalttätern auch deren politische Überzeugungen zu stabilisieren. Die vorläufige Bilanz der akzeptierenden Jugendarbeit ist ernüchternd: Zwar wurden Verhaltensänderungen bei Fangruppen und Skinheadszenen erreicht; ihre Befürworter räumen jedoch ein, dass es nur selten gelang, die rechte Weltanschauung bei den Jugendlichen zu überwinden.[11] Daher sollten die Möglichkeiten der akzeptierenden Jugendarbeit nicht überschätzt, ihre Grenzen immer wieder von neuem abgesteckt werden. Nur wenn sich die akzeptierende Jugendarbeit der durch gesellschaftliche Rahmenbedingungen, strukturelle Probleme und beschränkte Ressourcen gesetzten Schranken bewusst bleibt, kann sie einen Beitrag zur Verringerung rechter und rassistisch motivierter Gewalt leisten.

Irrwege und Sackgassen politischer Bildungsarbeit im Kampf gegen den (Alltags-)Rassismus

Im Folgenden geht es um die Möglichkeiten der politischen Bildung, antidemokratischen Tendenzen entgegenzuwirken. Viele gutmeinende Politiker/innen, Publizist(inn)en und Pädagog(inn)en weisen auf demografische Probleme wie die drohende „Vergreisung“ Deutschlands hin und leiten daraus ab, dass sich „unser“ Lebensstandard ohne die Aufnahme junger, möglichst kinderreicher Migrant(inn)en zumindest auf Dauer nicht werde halten lassen.[12] Aufgrund der neoliberalen Modernisierung dürften Bemühungen zunehmen, Fremdenfeindlichkeit dadurch abzubauen, dass (bestimmte) Ausländer als Gewinn, ökonomischer Aktivposten bzw. positiver „Standortfaktor“ für Deutschland dargestellt werden. Eine Bildungsarbeit, die Ressentiments gegenüber Ausländer(inne)n zu verringern sucht, indem sie zeigt, dass diese den Wohlstand im Aufnahmeland erhöhen, verfehlt aber ihr Ziel, weil die für jeden Rassismus konstitutive Denkfigur, Personen nach ihrer Nützlichkeit für das „eigene“ Kollektiv zu beurteilen, ungewollt zementiert wird.

Nation, Religion und traditionelle Werte als Bezugspunkte im Kampf gegen den Rechtsextremismus?

Wer der politischen Bildung die Aufgabe einer „Rückbesinnung auf die positiven Traditionen der Nation und des Nationalstaates“ zuweist,[13] übersieht oder unterschlägt bewusst die negative Wirkung des Nationalismus in einem Land, das auf der Grundlage dieser Ideologie zwei Weltkriege vom Zaun gebrochen hat. Vor der Illusion, dass die politische Bildung den Nationalismus als Mittel bei der Erziehung zur Demokratie nutzbar machen könne, muss wegen seiner Nähe zum Rassismus und zum Rechtsextremismus ausdrücklich gewarnt werden. Gerade weil sich viele Menschen heute wieder eher als Deutsche begreifen, sollte sich die politische Bildungsarbeit davor hüten, nationale Mythen zu beleben und Emotionen wachzurufen. *Deutsch*nationalismus hat nun einmal kaum etwas mit dem amerikanischen oder französischen (Verfassungs-)Patriotismus, dem isländischen oder dänischen Nationalgefühl gemein.

Noch aus anderen Gründen stößt eine „verfassungspatriotische" Ausrichtung der politischen Jugendbildung ins Leere: „Niemand mag mehr glauben, dass in den Parlamenten die Zentren der gesellschaftlichen Willensbildung zu sehen sind, eine rege Teilnahme am parteipolitischen Leben bürgerliche Selbstbestimmung zur Geltung bringt, die Freiheit der Medien den vernunftbestimmten Diskurs über Politik garantiert und sich die gesellschaftlichen Zukunftsentscheidungen dem grundgesetzlichen Sozialstaatsgebot gemäß steuern lassen."[14] Eine politische Bildungsarbeit, die im Stil der traditionellen Institutionenkunde detaillierte Kenntnisse über Verfassungsorgane wie den Bundestag, -rat und -präsidenten sowie die Bundesregierung und das -verfassungsgericht vermittelt, ohne deren durch die Globalisierung bzw. die neoliberale Modernisierung immer mehr schwindende Funktionsfähigkeit zu thematisieren, bleibt unwirksam.

Wenn nicht die (deutsche) Nation, wird die (christliche) Religion als Bezugspunkt einer geistigen Umkehr empfohlen. Der Erziehungswissenschaftler Wolfgang Brezinka macht beispielsweise die Außerparlamentarische Opposition (APO) der 60er-Jahre und ihre Nachwirkungen im Bildungswesen für den heutigen Rechtsextremismus verantwortlich: „Alle höheren Ideale wurden herabgesetzt; Ehrfurcht, Treue, Unterordnung, Gehorsam und selbstlose Dienstbereitschaft sind verspottet worden. Die folgenreichste Veränderung für die normative Kultur aber war das Absterben des christlichen Glaubens, der ‚Tod Gottes' im Bewußtsein der meisten Menschen. Damit ist die stärkste Quelle für Geborgenheit und Grundvertrauen, für moralische Anstrengungsbereitschaft und für sicheres Rechts- und Unrechtsbewußtsein versiegt."[15]

Die deutsche Schule, heißt es in demselben Kontext, brauche mehr „Mut zur Erziehung" und müsse wieder Werte statt Wissen vermitteln. Dem ist allerdings mit Erich Pommerenke entgegenzuhalten: „Werte können erstens nicht vermittelt werden, es kann allenfalls auf Werte hin erzogen werden. Zweitens hat sie [die Schule] nie aufgehört, das zu versuchen, und drittens hat dieser Versuch nur dann Aussicht auf Erfolg, wenn in der von den Kindern und Jugendlichen erlebten gesellschaftlichen Wirklichkeit diese Werte auch gelebt werden."[16] Durch die von konservativer und wirtschaftsliberaler Seite geforderte „Wiederbelebung alter Werte" ist der Rechtsextremismus nicht zurückzudrängen. Vielmehr liefern sie der ultrarechten Agitation und Propaganda ideologische Munition.

Mit seiner oft publizierten These, wonach Belehrungen nicht gegen Erfahrungen ankommen, hat Wilhelm Heitmeyer das Selbstverständnis der politischen Jugendbildungsarbeit tief erschüttert. Entscheidend sind aber nicht individuelle Erfahrungen, sondern die spezifische Art und Weise, wie sie verarbeitet werden. Diese hängt von der Verfügbarkeit entsprechender Interpretationsmuster ab, die rational begründet sein müssen und von der politischen Jugendbildung vermittelt werden können. Schließlich machen Jugendliche ihre Erfahrungen nicht im luftleeren Raum, sondern vermittelt über Reflexionen, die auf Informationen und Impulsen der Umwelt basieren. „Subjektorientierung" der politischen Bildung sollte heißen, gesellschaftliche Hintergründe zu erhellen und Zusammenhänge herzustellen, die es Menschen mit einer völlig unterschiedlichen Biografie ermöglichen, persönliche Erlebnisse und Erfahrungen angemessen zu deuten.

Die politisch-soziale Bildungsarbeit hat es weniger mit dem organisierten Rechtsextremismus selbst als mit wissenschaftlichen Erklärungsmodellen, publizistischen Deutungsmustern und Legenden zu tun, die ihn betreffen. Wilhelm Heitmeyer behauptet, wer Fremdenfeindlichkeit und Gewalt zu Themen einer Unterrichtsreihe mache, habe den Kampf dagegen bereits verloren.[17]

Die politische Jugendbildung kommt jedoch nicht umhin, neben den sozialökonomischen Rahmenbedingungen für Rechtsextremismus diesen selbst (Kernideologien, Erscheinungsformen und Organisationsstrukturen) zu thematisieren.

Rassismus, das ideologische Kernelement des Rechtsextremismus, ist mehr als ein Set gängiger Vorurteile, Klischees und Stereotype gegenüber Migrant(inn)en bzw. ethnischen Minderheiten. Er lässt sich den Einheimischen auch nicht, ihren sportiven Ehrgeiz vorausgesetzt, durch antirassistische Trainingsprogramme in Workshops oder Seminaren austreiben, wie dies etwa Jane Elliotts Konzept „Blue Eyed – Brown Eyed“ suggeriert.[18] Sinnvoller erscheint da schon ein „Argumentationstraining gegen Stammtischparolen“, wie es Klaus-Peter Hufer mit sehr viel Erfolg in der außerschulischen politischen Bildungsarbeit durchführt.[19]

Kann man durch Pädagogik über Staatsgrenzen hinweg staatliche Grenzen überwinden oder reproduziert man sie nur in den Köpfen?

Ein wichtiger Ansatz ist das Konzept des „interkulturellen Lernens“, freilich nur dann, wenn es sich nicht darin erschöpft, dass Städtepartnerschaften, Jugendbegegnungen und Schüleraustausche über Staatsgrenzen hinweg organisiert, vielmehr die unterschiedlichen sozialen Bedingungen, d. h. schlechtere Arbeits- und Lebensverhältnisse „der Anderen“, zum Gegenstand gemacht werden. Krise, Konflikt, Interessengegensätze und Solidarität bilden Schlüsselkategorien des interkulturellen Lernens.[20]

Frank-Olaf Radtke warnt vor einer interkulturellen Erziehung, die – gegen ihre eigene Intention – ethnische Differenzen durch deren (dauernde) Thematisierung fortzuschreiben drohe. Solcherart überakzentuierte Unterschiede zwischen den „Kulturkreisen“ könnten als Ressourcen in der Auseinandersetzung bzw. Konkurrenz zwischen Jugendlichen missbraucht werden. Anzusetzen ist seiner Meinung nach nicht an den Personen, die rassistische Vorurteile hegen, vielmehr an den Situationen, daraus erwachsenden Handlungsmöglichkeiten und Strukturen, die sie begrenzen.[21] Auch für Albert Scherr bildet interkulturelle Pädagogik in erster Linie die Antwort auf eine falsch gestellte Frage: Lerngegenstand sollten nicht die Migranten als Fremde sein, sondern „Fremdsein" als gesellschaftliche Konstruktion.[22]

Kontakte zwischen deutschen und ausländischen Jugendlichen machen außerdem nur dann Sinn, wenn ihnen ein pädagogisches Konzept zugrunde liegt, das längerfristige Kooperationsbeziehungen schafft. „Ob tatsächlich rege und intensive Kontakte zwischen Deutschen und Ausländern entstehen, hängt wesentlich vom geistigen Klima ab."[23] Nicht jede Fahrt ins Ausland und nicht jedes Treffen mit jungen Ausländer(inne)n bauen Vorurteile ab oder erleichtern die Kommunikation zwischen Jugendlichen unterschiedlicher Nationalität; bei unklarer Konzeption und schlechter Vorbereitung kann auch das Gegenteil passieren. Es reicht nicht aus, durch das gegenseitige Kennenlernen von „Land und Leuten" Missverständnisse „zwischen den Kulturen" ausräumen zu wollen: „Macht und Herrschaft, ökonomisches Gefälle und Privilegien aufgrund des Passes, der sozialen Herkunft oder der Hautfarbe sind unmöglich als – womöglich kulturelles – ‚Mißverständnis' zu analysieren und zu klären."[24]

Als besonders wichtig erweisen sich Gemeinsamkeiten der Gruppen von Jugendlichen, die einander treffen: etwa gleiche soziale Kontexte, Herkunftsmilieus, Erfahrungshintergründe, Problemlagen und Hobbys. Erst daraus erwächst die Chance, (vermeintliche) kulturelle Unterschiede über ein „gemeinsames Schicksal", das die Betreffenden verbindet, zu relativieren: „Die vorher als Fremdgruppenmitglieder kategorisierten Personen werden so immer mehr als Individuen [...] wahrgenommen und bewertet. Ihnen werden Eigenschaften, Fähigkeiten und Fertigkeiten zugeschrieben, die sich weder hinsichtlich der Bewertung (positiv – negativ) noch hinsichtlich des Differenzierungsgrads (individuell – gleichförmig) von den bei Eigengruppenmitgliedern beobachteten unterscheiden."[25]

Das interkulturelle Lernen muss nichts mit der Schwärmerei von einer „kulturellen Bereicherung" zu tun haben, kann vielmehr durchaus Einsichten in gesellschaftliche Herrschaftsverhältnisse, politische Machtstrukturen sowie rassistisch motivierte Ungleichheit und Diskriminierung vermitteln, wozu es jedoch eines adäquaten institutionellen Rahmens bedarf, wie ihn eine demokratisch organisierte und interkulturell orientierte Schule bieten könnte.[26]

Modelle und Methoden demokratischer Jugendbildung

Trotz produktiver Zweifel an ihrer Realisierung sollten kritisches Denken, Konfliktfähigkeit und -bereitschaft, solidarisches Verhalten, Möglichkeiten demokratischer Teilhabe, Perspektiven gesellschaftlicher Emanzipation und Maßnahmen zur Integration von (ethnischen) Minderheiten im Zentrum einer politischen Bildung stehen, die rationale Aufklärung betreiben und die bestehende Gesellschaft verändern will. Notwendig wäre eine Erziehung zu Empathie, Konfliktfähigkeit und zu der Fähigkeit, verschiedene Perspektiven einzunehmen, hier verstanden als zu erlernende Schlüsselkompetenz im Umgang mit anderen, darüber hinaus jedoch als didaktisches Prinzip des (Schul-)Unterrichts.[27]

Gegenwärtig herrscht Ratlosigkeit unter Pädagog(inn)en, was Emanzipation in einem emphatischen Wortsinn, also über die notwendige Gleichstellung von Frauen und Männern hinaus, überhaupt noch bedeuten kann, wofür Albert Scherr folgende Gründe nennt: „Nicht nur das Ende des sogenannten realen Sozialismus, auch die Verwandlung der ökologischen Bewegung in eine regierungsfähige Parteienpolitik sowie grundsätzliche Zweifel an einer politischen Gestaltbarkeit der Gesellschaft, insbesondere einer immer stärker weltmarktorientierten Ökonomie, sind für die Formulierung einer emanzipatorischen Politik und Pädagogik eher lähmend als befördernd."[28] Scherr versteht unter Emanzipation in erster Linie die Subjektbildung und postuliert: „Emanzipatorische Jugendpädagogik hat demnach – normativ formuliert – Prozesse der Bildung zum Subjekt anzuregen, zu ermöglichen und zu fördern."[29]

Aufklärung über rechtsextreme Politik und eigene, damit nicht zu vereinbarende Interessen

Aufklärung über die sich im Rassismus ausdrückenden Interessen und die Mechanismen, mit denen er sich innerhalb verschiedener Gesellschaftsbereiche durchsetzt, ist eine geistige Waffe im Kampf gegen den Rechtsextremismus. Es muss problematisiert werden, dass die Stigmatisierung ethnischer Minoritäten zu Menschen minderen Wertes und/oder Rechts ein Instrument der Vereinnahmung eines Großteils der Mehrheitsgesellschaft für den Erhalt bestehender Machtverhältnisse darstellt. Wo dies gelingt, kann darüber hinaus die Einsicht vermittelt werden, dass man durch Übernahme solcher diskriminierender Deutungsangebote zwangsläufig derartige Denkmuster nicht nur fortschreibt, sondern sich selbst durch sie kleinhalten und entmächtigen lässt.[30]

So wichtig mehr emotionale Bezüge in der politischen Bildungsarbeit sein mögen, so sinnvoll ist es, an der rationalen Aufklärung über die gesellschaftlichen Ursachen bestimmter Entwicklungen, die Hintergründe politischer Ereignisse und die Konsequenzen bestimmter Ideologien festzuhalten, was keineswegs bedeuten muss, in die erstarrten Rituale des Antifaschismus zurückzufallen. „Jede Form der Betroffenheits- und Gefühlspädagogik, die nur die Erkenntnis des unmittelbar Erfahrbaren gelten lassen will und sich der Anstrengung des Begriffs verweigert, muß sich den Vorwurf gefallen lassen, mit ihrem eigenen Selbstverständnis den verschiedenen Formen des individuellen und gesellschaftlichen Irrationalismus Vorschub zu leisten, so menschenfreundlich sie sich auch gibt."[31]

Hatte Theodor W. Adorno der Erziehung die Aufgabe gestellt, dass Auschwitz sich nicht wiederhole, so muss sich die politische Jugendbildung heute der Aufgabe stellen, dass Hoyerswerda sich nicht wiederhole. „Erziehung zur Mündigkeit" kann aber auch nach Mölln nur stattfinden, wenn Auschwitz nicht verleugnet, sondern mitsamt seinen Wurzeln zum Unterrichtsgegenstand gemacht wird. Dies muss in einer zeitgemäßen Form und so geschehen, dass fundamentale Unterschiede wie frappierende Gemeinsamkeiten zwischen Hitlerfaschismus und modernem Rechtsextremismus berücksichtigt werden. Die historisch-politische Bildung behält ihren Wert. „Abschreckungsdidaktik", d.h. die Konfrontation junger Menschen mit Nazigräueln, ist allerdings keine sinnvolle Konzeption für den Politik- bzw. Geschichtsunterricht. Erinnerungsarbeit muss mehr sein als der Pflichtbesuch eines ehemaligen KZ, sollte auf die prägende Kraft von NS-Gedenkstätten gleichwohl nicht verzichten. Konzentrieren sollte man sich weniger auf das Regime als auf seine Volksgemeinschaftsideologie, deren Wirkungsweise, Funktionen und Momente von Kontinuität, also Bezüge zur Gegenwart.

Eine lange vernachlässigte Aufgabe der politischen Bildungsarbeit besteht darin, Jugendliche und Erwachsene über die materielle Basis, die programmatischen Ziele und die (beschämende) Art ihrer parlamentarischen Umsetzung durch Abgeordnete rechtsextremer Parteien aufzuklären. Wolfgang Gessenharter sieht darin einen Grund für Wahlniederlagen der DVU, die eintraten, nachdem vor allem viele lokale bzw. regionale Medien über mangelnde Präsenz, Reden und Zwischenrufe von Landtagsabgeordneten berichtet hatten: „Die nüchterne Analyse etwa der von Frey aus München gesteuerten Parlaments- und Ausschußarbeit der DVU-Mitglieder in Bremen und Schleswig-Holstein in ihrer ganzen Mickrigkeit und das breite Ausstreuen der Ergebnisse dieser Beobachtungen in die Öffentlichkeit hat wahrscheinlich dieser Partei mehr geschadet als ihre routinemäßige Erwähnung in Verfassungsschutzberichten."[32] Argumentationsmuster der Parlamentarier von DVU, NPD und REPublikanern weisen viele Berührungspunkte zu Positionen der übrigen Abgeordneten und Parteien auf. Schnittstellen finden sich vor allem dort, wo Schlüsselelemente rechtsextremer Programmatik (z.B. Verschärfung der Ausländer- und Asylpolitik) auf soziale Problemfelder (Arbeitslosigkeit, Wohnungsnot, Kriminalität, Drogenmissbrauch usw.) bezogen und mit populistischen Forderungen verbrämt werden.

Der überwiegend argumentativ-rational verfahrende Unterricht ist um sinnlich-emotionale Formen, z.B. Rollen- und Planspiele, Zukunftswerkstätten, Projektarbeit, Dokumentationen, Videoarbeit, Besuche, Begegnungen und Gespräche mit Zeitzeug(inn)en, zu ergänzen, ohne dass die Vermittlung von politischen Informationen und Wissen darunter leiden darf: „Da ein politischer Unterricht das Attribut ‚politisch' nicht nur als Fachetikett, sondern auch in einem handlungsorientierten und auf die Entscheidungszentren und die Veränderungspotentiale der Gesellschaft gerichteten Sinne begreifen soll, kommt es auch darauf an, seinen möglichen Entpolitisierungstendenzen entgegenzuwirken."[33]

Für eine Neuorientierung der politischen Bildung: Mit dem Sozialstaat stirbt die Demokratie – die Standortlogik widerlegen!

Untersuchungen der Jugendforschung belegen, dass sich sowohl Jungen wie Mädchen mehr für politische und gesellschaftliche Probleme interessieren, als gemeinhin angenommen wird, und zwar vor allem für „*global*politische" Themenbereiche: Umweltschutz, Friedenssicherung und Bildung rangieren ganz oben.[34] Da die Entwicklung des Rechtsextremismus mit den Weltmarktbedingungen und internationalen Machtkonstellationen zusammenhängt, bieten sich Didaktik und Methodik eines „Globalen Lernens“ an. Ausgehend von globalen Problemen (Welthunger, Epidemien, drohenden Techno- und Naturkatastrophen), versucht dieser Ansatz, den „klassischen“ Spartendisziplinen wie etwa Friedenspädagogik, Umweltbildung, Menschenrechtserziehung und entwicklungspolitischer Bildungsarbeit eine gemeinsame, sie alle übergreifende und verbindende Perspektive zu geben: „Der Begriff des Globalen Lernens (...) soll deutlich machen, daß dieses Konzept über nationale (oder gar nationalistische) Interessen hinausweist und sich mit den gesellschaftlichen, politischen und sozialen Entwicklungen und Zusammenhängen im globalen Raum und mit ihnen verbundener pädagogischer Reaktions- und Handlungsmöglichkeiten beschäftigt.“[35]

Anknüpfungspunkte findet die politische Bildungsarbeit im ausgeprägten Interesse der Jugendlichen an Zukunftsthemen. Fragen nach gesellschaftlichen Entwicklungsperspektiven („Wie und in welcher Welt wollen wir leben?“) bilden eine geeignete Basis für Problemstellungen ökonomisch-sozialer, ökologischer und demokratischer Natur.[36] Hinterfragen könnte man beispielsweise internationale Machtkonstellationen, Konkurrenzverhältnisse und Leistungsansprüche, denen die Nationalstaaten und ihre Bürger/innen – in Zukunft stärker denn je – ausgesetzt sind bzw. sein werden. Die verschiedenen politisch-programmatischen Standpunkte, Interessengegensätze und Konfliktlösungsmodelle müssten in Unterrichtseinheiten behandelt werden, wobei zu bedenken ist, dass die kontinentale Dimension aufgrund der europäischen Integration in Zukunft wichtiger sein wird als die „nationale Identität“. Hinsichtlich der Binnenentwicklung unserer Gesellschaft stellt sich die Alternative, ob sie durch ein nationales Pathos oder durch ein soziales Ethos bestimmt sein wird, das die Bevölkerung der Bundesrepublik nicht mehr in „Gewinner/innen“ und „Verlierer/innen“ des Modernisierungs- bzw. Globalisierungsprozesses spaltet.

Je mehr sich eine Gesellschaft neoliberalen Konzepten unterwirft, desto inhumaner wird sie. Daher gehört es zu den Hauptaufgaben der politischen Bildung, die Standortlogik zu widerlegen und den Blick auf sozialpolitische Alternativen zu lenken, die den inneren Frieden und die Sicherung der Demokratie ermöglichen.[37] Hierbei rückt das Interesse an einer für alle nutzbringenden Kooperation der Individuen und einer möglichst problemlosen Kommunikation über „Kulturschranken" hinweg in den Vordergrund, wohingegen das Konstrukt der „nationalen Identität", auf welches sich politische Bildung während der 80er-Jahre positiv bezog,[38] obwohl es als Einfallstor für Rechtsextremismus und Rassismus diente, kritisch hinterfragt wird. „Es gibt keine harmlose nationale Identität, nationale Identität ist immer schon mit dem Totschlag verschwistert. Zumal in Deutschland liegen unter einer dünnen Schicht demokratischer Verhaltensweisen alte Denk-, Gefühls- und Handlungsgewohnheiten bereit, die wiederbelebt werden, wenn man sich anschickt, das Deutsche hervorzukehren."[39]

Arno Klönne betont, dass die Interessen- und Konfliktorientierung in der politischen Bildung aufgrund einer mit dem Globalisierungsprozess verbundenen „Rückkehr der sozialen Frage" wieder aktuell sei.[40] Folglich müssen Armut und Arbeitslosigkeit als *gesellschaftliches* Phänomen begriffen werden, nicht als individuelles Problem, das schuldhaft herbeigeführt oder ein unabwendbares Schicksal ist. Statt sich zu sehr mit „dem Fremden", seiner Furcht einflößenden Wirkung und möglichen Faszination zu beschäftigen, sollte die politische Bildung wieder mehr auf die eigene Gesellschaft, ihre ungleichen Verteilungsrelationen und fragwürdigen Machtverhältnisse schauen. Charakteristisch für den Standortnationalismus – wie für jede andere Spielart des Chauvinismus – ist die Betonung des staatsbürgerlichen „Innenaußen"-Gegensatzes. Aufgabe der politischen Bildung wäre es, die Bedeutung dieser Konfliktlinie dadurch zu relativieren, dass der innergesellschaftliche „Oben-unten"-Gegensatz klarer hervorgehoben wird.

Statt die soziale mit der nationalen Frage zu verbinden, wie es Rechtsextremisten bzw. -populisten tun, muss die demokratische mit der sozialen Frage verknüpft werden. Damit die Demokratie in einer (fast) alle befriedigenden Weise funktionieren kann, bedarf sie wohlfahrtsstaatlicher Fundamente. Je brüchiger diese aufgrund permanenter Leistungskürzungen für Bedürftige werden und je stärker sich die soziale Polarisierung in Arm und Reich manifestiert, umso akuter ist die Demokratie gefährdet. Ebensowenig, wie die Zuwanderung von sog. Gastarbeitern, Aussiedlern und Asylbewerbern nach dem Nutzen für das Aufnahmeland bzw. seine Bewohner/innen beurteilt werden darf, will man die weitere Ausbreitung des Rassismus unter diesen verhindern, darf der Sozialstaat nach dem Nutzen für den „Wirtschaftsstandort D" beurteilt werden, will man die Ausbreitung des Standortnationalismus verhindern.

Viel hängt davon ab, ob es gelingt, die politische Kultur des vereinten Deutschland – nicht zuletzt durch kritische Bildungsarbeit – in einem demokratischen Sinne zu beeinflussen. Hajo Funke sieht durchaus Chancen für eine Reformulierung des liberal-zivilen und sozialen Selbstverständnisses dieser Republik: „Aber es gehört zu den Bedingungen eines solchen Erfolgs, daß sich die Vertreter der politischen Eliten mit den Teilen der Bevölkerung – der Gegenöffentlichkeit – verbinden, die aus einem demokratischen und toleranten Selbstverständnis heraus sich in Initiativen um ein gegenüber Minderheiten faires und tolerantes Zusammenleben aktiv bemühen."[41]

Nötig wäre eine neue Kultur der Solidarität, die aber nur zu entwickeln ist, wenn sich die politische Bildung mit geeigneten Konzepten daran beteiligt. Ein handlungsorientierter Politik-, Sozial- bzw. Gemeinschaftskundeunterricht versucht, in politische Willensbildungs- und Entscheidungsprozesse einzugreifen und Veränderungen herbeizuführen, die den Abstand zwischen Verfassungsnorm und gesellschaftlicher Wirklichkeit verringern. Nur wenn Jugendliche merken, dass sie Verantwortung für die zukünftige Gesellschaftsentwicklung tragen und lernen, Entscheidungen zu treffen, bieten ihnen rechtsextreme Parteien keine attraktive oder gar exklusive Plattform, ihre Unzufriedenheit mit dem Status quo auszudrücken. „Gegen Erfahrungen von Entsolidarisierung, Desorientierung und Ohnmacht und die aus ihnen hervorgehende Gewalt müssen Lebenszusammenhänge angeboten werden, in denen der Erfolg solidarischer und selbstbestimmter Bewältigung gesellschaftlicher und individueller Probleme erfahrbar wird."[42]

Wenn der Ethno- bzw. Standortnationalismus ein ideologischer Kristallisationskern aller Kräfte ist, die eine „andere Republik" errichten wollen, muss politische Bildung weiter ausholen und ihrerseits über den rechten Rand des Parteienspektrums hinausgreifen: „Die jugend- und schulpolitische Auseinandersetzung der Gegenwart hat sich jedenfalls nicht nur auf die Auseinandersetzung mit dem organisierten Rechtsextremismus, sondern auch und vor allem auf die fließenden Übergänge zwischen ‚seriösem' Konservatismus und neuem Nationalismus/Rechtsextremismus zu beziehen."[43]

Nirgends herrscht mehr Unklarheit und Verwirrung als hinsichtlich der Entstehungsursachen, der unterschiedlichen Erscheinungsformen und tief greifenden Folgen des Globalisierungsprozesses. Die politische Bildung muss nicht nur die Standardargumente der Standortdiskussion (beispielsweise die Behauptung einer sinkenden Wettbewerbsfähigkeit der deutschen Wirtschaft) zu widerlegen suchen, sondern auch die Kardinalfrage aufwerfen, in welcher Gesellschaft wir eigentlich leben wollen: Soll es eine Konkurrenzgesellschaft sein, die Leistungsdruck und Arbeitshetze permanent erhöht, die Alte, Erwerbslose und Behinderte ausgrenzt, die Durchsetzungsfähigkeit und Rücksichtslosigkeit honoriert, sich jedoch über den Verfall von Sitte, Anstand und Moral wundert, oder eine soziale Bürgergesellschaft, die Kooperation statt Konkurrenzverhalten, Mitmenschlichkeit und Respekt anderen, besonders Schwächeren gegenüber, statt Gleichgültigkeit und Elitebewusstsein fördert? Ist ein ruinöser Wettkampf auf allen

Ebenen und in allen Bereichen, bei dem Steuergerechtigkeit sowie Sozial- und Umweltstandards auf der Strecke bleiben, wirklich anzustreben? Eignet sich der Markt als gesellschaftlicher Regelungsmechanismus, obwohl er auf seinem ureigenen Terrain, der Volkswirtschaft, ausweislich einer sich immer mehr verfestigenden Massenarbeitslosigkeit, gegenwärtig kläglich versagt? Darauf die richtigen Antworten zu geben heißt, den Neoliberalismus, sein zutiefst unsoziales Konzept der „Standortsicherung" und den größtenteils damit sympathisierenden Rechtsextremismus erfolgreich zu bekämpfen.[44]

Anmerkungen

Anmerkungen zu Kapitel 1

1 Vgl. Wolf-Dietrich Bukow, Feindbild: Minderheit. Zur Funktion von Ethnisierung, Opladen 1996

2 Irenäus Eibl-Eibesfeldt, Wider die Mißtrauensgesellschaft. Streitschrift für eine bessere Zukunft, 2. Aufl. München/Zürich 1995, S. 97f.

3 Vgl. K. Peter Fritzsche, Bürger im Streß – eine Erklärung der Xenophobie, in: Verantwortung in einer unübersichtlichen Welt. Aufgaben wertorientierter politischer Bildung. Referate und Diskussionsergebnisse des Bundeskongresses der Deutschen Vereinigung für Politische Bildung in Zusammenarbeit mit der Bundeszentrale für politische Bildung vom 10. bis 12. März 1994 in Erfurt, Bonn (Schriftenreihe, Bd. 331) 1995, S. 165f.

4 Vgl. Lutz Hoffmann, Das deutsche Volk und seine Feinde. Die völkische Droge – Aktualität und Entstehungsgeschichte, Köln 1994, S. 53

5 Heinz Müller, Fremdenfeindlichkeit und Rassismus. Die segmentarische Nutzung von Erklärungsansätzen und ihre Folgen, in: Institut für Sozialpädagogische Forschung Mainz (Hrsg.), Differenz und Differenzen: Zur Auseinandersetzung mit dem Eigenen und dem Fremden im Kontext von Macht und Rassismus bei Frauen, Bielefeld 1994, S. 71

6 Vgl. Klaus Wahl/Christiane Tramitz/Jörg Blumtritt, Fremdenfeindlichkeit. Auf den Spuren extremer Emotionen, Opladen 2001, S. 28

7 Hans Magnus Enzensberger, Die Große Wanderung. Dreiunddreißig Markierungen, Mit einer Fußnote „Über einige Besonderheiten bei der Menschenjagd", 6. Aufl. Frankfurt am Main 1993, S. 12 (vgl. ergänzend: S. 13 und 51)

8 Vgl. Johannes Zerger, Was ist Rassismus?, Eine Einführung, Göttingen 1997, S. 91

9 Hans-Gerd Jaschke, Rechtsextremismus und Fremdenfeindlichkeit. Begriffe – Positionen – Praxisfelder, 2. Aufl. Wiesbaden 2001, S. 67f.

10 Vgl. Christoph Butterwegge u.a., Themen der Rechten – Themen der

Mitte. Diskurse um deutsche Identität, Leitkultur und Nationalstolz, Opladen 2002

11 Siehe Armin Pfahl-Traughber, Rechtsextremismus in der Bundesrepublik, 3. Aufl. München 2001, S. 11f.

12 Gero Neugebauer, Extremismus – Rechtsextremismus – Linksextremismus. Einige Anmerkungen zu Begriffen, Forschungskonzepten, Forschungsfragen und Forschungsergebnissen, in: Wilfried Schubarth/Richard Stöss (Hrsg.), Rechtsextremismus in der Bundesrepublik Deutschland. Eine Bilanz, Opladen 2001, S. 31

13 Heinz Lynen von Berg, Politische Mitte und Rechtsextremismus. Diskurse zu fremdenfeindlicher Gewalt im 12. Deutschen Bundestag (1990–1994), Opladen 2000, S. 288

14 Wilhelm Heitmeyer, Rechtsextremistische Orientierungen bei Jugendlichen. Empirische Ergebnisse und Erklärungsmuster einer Untersuchung zur politischen Sozialisation, Weinheim/München 1987, S. 16

15 Christian Glaß, Politische Bildungsarbeit vs. Gewaltbereitschaft und Rechtsextremismus Jugendlicher, in: Sozialwissenschaftliche Literatur Rundschau 37 (1998), S. 71 (Fn. 2)

16 Richard Stöss, Rechtsextremismus im vereinten Deutschland, hrsg. von der Friedrich-Ebert-Stiftung, Abt. Dialog Ostdeutschland, 3. Aufl. Berlin 2000, S. 20

17 Hans-Jürgen Puhle, Was ist Populismus?, in: Helmut Dubiel (Hrsg.), Populismus und Aufklärung, Frankfurt am Main 1986, S. 13

18 Armin Pfahl-Traughber, Rechtsextremismus, a.a.O., S. 42

19 Siehe Frank Decker, Parteien unter Druck. Der neue Rechtspopulismus in den westlichen Demokratien, Opladen 2000, S. 213f.

20 Norbert Madloch, Lexikalische Erläuterungen zu den im Rechtsextremismus-Teil verwandten Hauptbegriffen, in: Klaus Kinner/Rolf Richter (Hrsg.), Rechtsextremismus und Antifaschismus. Historische und aktuelle Dimensionen, Berlin 2000, S. 259

Anmerkungen zu Kapitel 2

1 Pierre-André Taguieff, Die Macht des Vorurteils. Der Rassismus und sein Double, Hamburg 2000, S. 215

2 Ute Osterkamp, Institutioneller Rassismus. Problematik und Perspektiven, in: Paul Mecheril/Thomas Teo (Hrsg.), Psychologie und Rassismus, Reinbek bei Hamburg 1997, S. 95

3 Vgl. Siegfried Jäger, BrandSätze. Rassismus im Alltag, Duisburg 1992, S. 15

4 Vgl. Robert Miles, Rassismus. Einführung in die Geschichte und Theorie eines Begriffs, Hamburg/Berlin 1991, S. 57 ff.

5 Luca und Francesco Cavalli-Sforza, Verschieden und doch gleich. Ein Genetiker entzieht dem Rassismus die Grundlage, München 1994, S. 367. Vgl. ergänzend dazu: Richard C. Lewontin/Steven Rose/Leon J. Kamin, Die Gene sind es nicht…, Biologie, Ideologie und menschliche Natur, München/Weinheim 1988, S. 96 ff.

6 Vgl. hierzu und zum Folgenden: Imanuel Geiss, Geschichte des Rassismus, 2. Aufl. Frankfurt am Main 1989; George L. Mosse, Die Geschichte des Rassismus in Europa, Frankfurt am Main 1990

7 Vgl. Detlev Claussen, Was heißt Rassismus?, Darmstadt 1994, S. 27 ff.

8 Vgl. Etienne Balibar, „Es gibt keinen Staat in Europa“. Rassismus und Politik im heutigen Europa, in: Nora Räthzel (Hrsg.), Theorien über Rassismus, Hamburg 2000, S. 112

9 Vgl. dazu: Ernest Gellner, Nationalismus und Moderne, Berlin 1991, S. 87; Eric J. Hobsbawm, Nationen und Nationalismus. Mythos und Realität seit 1780, Frankfurt am Main/New York 1991, S. 21; Mazlaar Jafroodi, Was folgt auf die Nation?, Nationale Identität und gesellschaftliche Modernisierung, Hamburg 1999, S. 43 ff.

10 Peter Alter, Nationalismus, Frankfurt am Main 1985, S. 10

11 Vgl. Klemens Ludwig, Europa zerfällt. Völker ohne Staaten und der neue Nationalismus, Reinbek bei Hamburg 1993, S. 94

12 Siehe Hans-Ulrich Wehler, Nationalismus als fremdenfeindliche Integrationsideologie, in: Wilhelm Heitmeyer (Hrsg.), Das Gewalt-Dilemma. Gesellschaftliche Reaktionen auf fremdenfeindliche Gewalt und Rechtsextremismus, Frankfurt am Main 1994, S. 79

13 Michael Jeismann, Alter und neuer Nationalismus, in: ders./Henning Ritter (Hrsg.), Grenzfälle. Über neuen und alten Nationalismus, Leipzig 1993, S. 22

[14] Otto Dann, Nation und Nationalismus in Deutschland. 1770–1990, München 1993, S. 13

[15] Vgl. Dieter Oberndörfer, Die offene Republik. Zur Zukunft Deutschlands und Europas, Freiburg im Breisgau/Basel/Wien 1991, S. 61

[16] Vgl. Freerk Huisken, Nichts als Nationalismus. Deutsche Lehren aus Rostock und Mölln. Ein antirassistisches Tagebuch, Hamburg 1993

[17] Wolfgang Kowalsky, Rechtsaußen ... und die verfehlten Strategien der deutschen Linken, Frankfurt am Main/Berlin 1992, S. 126

[18] Vgl. Etienne Balibar, Rassismus und Nationalismus, in: ders./Immanuel Wallerstein, Rasse – Klasse – Nation. Ambivalente Identitäten, Hamburg/Berlin 1990, S. 68

[19] Gerd Wiegel, Nationalismus und Rassismus. Zum Zusammenhang zweier Ausschließungspraktiken, Köln 1995, S. 120

[20] Vgl. Reinhard Kühnl, Gefahr von rechts?, Vergangenheit und Gegenwart der extremen Rechten, 2. Aufl. Heilbronn 1991, S. 18

[21] Vgl. dazu: Peter Weingart/Jürgen Kroll/Kurt Bayertz, Rasse, Blut und Gene. Geschichte der Eugenik und Rassenhygiene in Deutschland, Frankfurt am Main 1992; Stefan Kühl, Die Internationale der Rassisten. Aufstieg und Niedergang der internationalen Bewegung für Eugenik und Rassenhygiene im 20. Jahrhundert, Frankfurt am Main/New York 1997, S. 121ff.

[22] Vgl. Horst Seidler, Rassenhygiene und das völkische Menschenbild, in: Helmut Reinalter/Franko Petri/Rüdiger Kaufmann (Hrsg.), Das Weltbild des Rechtsextremismus. Die Strukturen der Entsolidarisierung, Innsbruck/Wien 1998, S. 78f.

[23] Vgl. Hans-Walter Leonhard, Diktat der Gene?, Eine Kritik der Soziobiologie, in: Gero Fischer/Maria Wölflingseder (Hrsg.), Biologismus, Rassismus, Nationalismus. Rechte Ideologien im Vormarsch, Wien 1995, S. 50

[24] Vgl. Gert Dressel, Der postmoderne Roll-back der egoistischen Gene. Männlichkeit und Weiblichkeit im Spiegel der Soziobiologie, in: ebd., S. 55f.

[25] Vgl. dazu: Fantifa Marburg (Hrsg.), Kameradinnen. Frauen stricken am Braunen Netz, 2. Aufl. Münster 1996; Renate Bitzan (Hrsg.), Rechte Frauen. Skingirls, Walküren und feine Damen, Berlin 1997; dies., Selbstbilder rechter Frauen. Zwischen Antisexismus und völkischem Denken, Tübingen 2000

[26] Vgl. Hannsjoachim W. Koch, Der Sozialdarwinismus. Seine Genese und sein Einfluß auf das imperialistische Denken, München 1973, S. 100ff.

[27] Vgl. dazu: Theodor W. Adorno, Studien zum autoritären Charakter, Vorrede von Ludwig von Friedeburg, Frankfurt am Main 1995

[28] Vgl. Gerda Lederer, Die „Autoritäre Persönlichkeit": Geschichte einer Theorie, in: dies./Peter Schmidt (Hrsg.), Autoritarismus und Gesellschaft. Trendanalysen und vergleichende Jugenduntersuchungen von 1945–1993, Opladen 1995, S. 46

[29] Vgl. H. Joachim Schwagerl, Rechtsextremes Denken. Merkmale und Methoden, Frankfurt am Main 1993, S. 162

[30] Vgl. dazu: Bürgerrechte & Polizei/CILIP/Otto Diederichs (Hrsg.), Hilfe, Polizei. Fremdenfeindlichkeit bei Deutschlands Ordnungshütern, Berlin 1995; Lorenz Knorr, Rechtsextremismus in der Bundeswehr. Deutsches Militär – von Massenmördern geprägt?, Frankfurt am Main 1998

[31] Vgl. hierzu: Christoph Butterwegge (Hrsg.), Kinderarmut in Deutschland. Ursachen, Erscheinungsformen und Gegenmaßnahmen, 2. Aufl. Frankfurt am Main/New York 2000; ders., Wohlfahrtsstaat im Wandel. Probleme und Perspektiven der Sozialpolitik, 3. Aufl. Opladen 2001, S. 53ff.; Christoph Butterwegge/Michael Klundt (Hrsg.), Kinderarmut und Generationengerechtigkeit. Familien- und Sozialpolitik im demografischen Wandel, Opladen 2002

[32] Vgl. Kai Arzheimer/Harald Schoen/Jürgen W. Falter, Rechtsextreme Orientierungen und Wahlverhalten, in: Wilfried Schubarth/Richard Stöss (Hrsg.), Rechtsextremismus in der Bundesrepublik Deutschland. Eine Bilanz, Opladen 2001, S. 220ff.

[33] Vgl. Hans-Gerd Jaschke, Die rechtsextremen Parteien nach der Bundestagswahl 1998: Stehen sie sich selbst im Wege?, in: Oskar Niedermayer (Hrsg.), Die Parteien nach der Bundestagswahl 1998, Opladen 1999, S. 146

[34] Vgl. Eckhard Fascher, Modernisierter Rechtsextremismus? Ein Vergleich der Parteigründungsprozesse der NPD und der Republikaner in den sechziger und achtziger Jahren, Berlin 1994, S. 45f.

[35] Vgl. Peter Dudek/Hans-Gerd Jaschke, Entstehung und Entwicklung des Rechtsextremismus in der Bundesrepublik Deutschland. Zur Tradition einer besonderen politischen Kultur, Bd. 1, Opladen 1984, S. 300f.

[36] Vgl. ebd., S. 285

[37] Vgl. ebd., S. 60ff.; Uwe Hoffmann. Die NPD. Entwicklung, Ideologie und Struktur, Frankfurt am Main 1999, S. 124ff.

[38] Vgl. hierzu: Christoph Butterwegge/Lüder Meier, Bremen – das kleinste Bundesland als parlamentarisches Experimentierfeld für die extreme Rechte (1951/52, 1967–1971, 1987–1995), in: Christoph Butterwegge u. a., Rechtsextremisten in Parlamenten. Forschungsstand, Fallstudien, Gegenstrategien, Opladen 1997, S. 96 f. und 103 f.

[39] Vgl. dazu: Jörg Fischer, Das NPD-Verbot, Berlin 2001, S. 32 ff.

[40] Vgl. die auszugsweise Dokumentation des NPD-Parteiprogramms bei Richard Stöss, Rechtsextremismus im vereinten Deutschland, hrsg. von der Friedrich-Ebert-Stiftung, Abt. Dialog Ostdeutschland, 3. Aufl. Berlin 2000, S. 110 ff.

[41] Vgl. dazu: Heiner Adamski, Annahme des NPD-Verbotsantrags, in: Gegenwartskunde 4/2001, S. 489 ff.

[42] Vgl. Kurt Hirsch, Rechts von der Union. Personen, Organisationen, Parteien seit 1945, München 1989, S. 53

[43] Vgl. Peter Dudek/Hans-Gerd Jaschke, Entstehung und Entwicklung des Rechtsextremismus in der Bundesrepublik Deutschland, a.a.O., S. 53

[44] Vgl. zum Ablauf der Gründungsversammlung in der Traditionsgaststätte „Löwenbräukeller" den Bericht eines Teilnehmers und Aussteigers: Jörg Fischer, Ganz rechts. Mein Leben in der DVU, Reinbek bei Hamburg 1999, S. 59 ff.

[45] Einen Überblick über das gesamte Frey-Imperium vermittelt Annette Linke (Pseud.), Der Multimillionär Frey und die DVU. Daten, Fakten, Hintergründe, Essen 1994

[46] Vgl. Britta Obszerninks/Matthias Schmidt, DVU im Aufwärtstrend – Gefahr für die Demokratie?, Fakten, Analysen, Gegenstrategien, Münster 1998, S. 85 f.

[47] Vgl. ebd., S. 119

[48] Vgl. Eckhard Fascher, Modernisierter Rechtsextremismus?, a.a.O., S. 102 f.

[49] Siehe Hans-Gerd Jaschke, Die „Republikaner". Profile einer Rechtsaußenpartei, 2. Aufl. Bonn 1993, S. 122

[50] Vgl. Eckhard Fascher, Modernisierter Rechtsextremismus?, a.a.O., S. 119

[51] Vgl. dazu: Heinz Lynen von Berg, Politische Mitte und Rechtsextremismus. Diskurse zu fremdenfeindlicher Gewalt im 12. Deutschen Bundestag (1990–1994), Opladen 2000, S. 131 ff.

[52] Vgl. Armin Pfahl-Traughber, Rechtsextremismus in der Bundesrepublik, 3. Aufl. München 2001, S. 56 f.

[53] Vgl. Richard Stöss, Rechtsextremismus im vereinten Deutschland, a.a.O., S. 89f.

[54] Vgl. Hajo Funke/Lars Rensmann, Kinder der Einheit. Die soziale Dynamik des Rechtsextremismus, in: Blätter für deutsche und internationale Politik 9/2000, S. 1072

[55] Vgl. dazu: Christian Menhorn, Skinheads: Portrait einer Subkultur, Baden-Baden 2001

[56] Vgl. Jörg Schindler, Tüten tragen, Kinder betreuen, „national befreite Zonen" aufbauen, in: Frankfurter Rundschau v. 31.7.2001

[57] Vgl. Bundesministerium des Innern (Hrsg.), Verfassungsschutzbericht 2000, Berlin/Bonn 2001, S. 52

[58] Vgl. Armin Pfahl-Traughber, Die Erben der „konservativen Revolution". Zu Bedeutung, Definition und Ideologie der „Neuen Rechten", in: Wolfgang Gessenharter/Helmut Fröchling (Hrsg.), Rechtsextremismus und Neue Rechte in Deutschland. Neuvermessung eines politisch-ideologischen Raumes?, Opladen 1998, S. 78f.

[59] Vgl. Martin Dietzsch, Zwischen Konkurrenz und Kooperation. Organisation und Presse der Rechten in der Bundesrepublik, in: Siegfried Jäger (Hrsg.), Rechtsdruck. Die Presse der Neuen Rechten, Bonn 1988, S. 32

[60] Vgl. z.B. Günther Bartsch, Revolution von rechts?, Ideologie und Organisation der Neuen Rechten, Freiburg im Breisgau/Basel/Wien 1975; Richard Stöss, Die extreme Rechte in der Bundesrepublik. Entwicklung – Ursachen – Gegenmaßnahmen, Opladen 1989, S. 28

[61] Vgl. dazu: Reinhard Opitz, Faschismus und Neofaschismus, Frankfurt am Main 1984, S. 325ff.; Martina Koelschtzky, Die Stimme ihrer Herren. Die Ideologie der Neuen Rechten, Köln 1986; Margret Feit, Die „Neue Rechte" in der Bundesrepublik. Organisation – Ideologie – Strategie, Frankfurt am Main/New York 1987

[62] Vgl. Michael Minkenberg, Neokonservatismus und Neue Rechte in den USA. Neuere konservative Gruppierungen und Strömungen im Kontext sozialen und kulturellen Wandels, Baden-Baden 1990; ders., Die neue radikale Rechte im Vergleich. USA, Frankreich, Deutschland, Opladen/Wiesbaden1998; Claus Leggewie, America first?, Der Fall einer konservativen Revolution, Frankfurt am Main 1997; Thomas Grumke, Rechtsextremismus in den USA, Opladen 2001

[63] Vgl. z.B. Thomas Fischer, Die „Neue Rechte". Eine Herausforderung für

die westdeutsche Linke, Darmstadt 1989; Claus Leggewie, Die Republikaner. Phantombild der Neuen Rechten, Berlin (West) 1989

64 Vgl. Wolfgang Gessenharter, Die „Neue Rechte“ als Scharnier zwischen Neokonservatismus und Rechtsextremismus in der Bundesrepublik, in: Rainer Eisfeld/Ingo Müller (Hrsg.), Gegen Barbarei. Essays Robert M.W. Kempner zu Ehren, Frankfurt am Main 1989, S. 424ff.

65 Vgl. Armin Pfahl-Traughber, „Konservative Revolution“ und „Neue Rechte“. Rechtsextremistische Intellektuelle gegen den demokratischen Verfassungsstaat, Opladen 1998

66 Siehe ders., Die Erben der „konservativen Revolution“, a.a.O., S. 82. Roger Woods (Nation ohne Selbstbewußtsein. Von der Konservativen Revolution zur Neuen Rechten, Baden-Baden 2001, S. 175) weist darauf hin, „daß sich die personelle Konstellation der Konservativen Revolution bei der Neuen Rechten wiederholt: Publizisten, Philosophen, Schriftsteller und Journalisten machen aus der Neuen Rechten mehr als eine rein politische Bewegung.“

67 Vgl. dazu: Rainer Fromm/Barbara Kernbach, Rechtsextremismus im Internet. Die neue Gefahr, München 2001

68 Dies unterstellt aber Friedemann Schmidt, Die Neue Rechte und die Berliner Republik. Parallel laufende Wege im Normalisierungsdiskurs, Wiesbaden 2001, S. 21

69 Siehe Wolfgang Gessenharter, Die „Neue Rechte“ als Scharnier zwischen Neokonservatismus und Rechtsextremismus in der Bundesrepublik, a.a.O., S. 432

70 Vgl. Herbert Schui u.a., Wollt ihr den totalen Markt?, Der Neoliberalismus und die extreme Rechte, München 1997

71 Ralf Ptak, Die soziale Frage als Politikfeld der extremen Rechten. Zwischen marktwirtschaftlichen Grundsätzen, vormodernem Antikapitalismus und Sozialismus-Demagogie, in: Jens Mecklenburg (Hrsg.), Braune Gefahr. DVU, NPD, REP – Geschichte und Zukunft, Berlin 1999, S. 98

72 Vgl. Wolfgang Gessenharter, Die intellektuelle Neue Rechte und die neue radikale Rechte in Deutschland, in: Aus Politik und Zeitgeschichte. Beilage zur Wochenzeitung *Das Parlament* 9–10/1998, S. 20f.

73 Vgl. dazu: Thomas Pfeiffer, Für Volk und Vaterland. Das Mediennetz der Rechten – Presse, Musik, Internet, Berlin 2002

74 Zur Entwicklungsgeschichte dieser und weiterer Gruppen vgl. Klaus Schönekäs, Bundesrepublik Deutschland, in: Franz Greß/Hans-Gerd

Jaschke/Klaus Schönekäs, Neue Rechte und Rechtsextremismus in Europa. Bundesrepublik, Frankreich, Großbritannien, Opladen 1990, S. 236ff.

75 Siehe Armin Pfahl-Traughber, Rechtsextremismus in der Bundesrepublik, a.a.O., S. 46

76 Vgl. Alice Brauner-Orthen, Die Neue Rechte in Deutschland. Antidemokratische und rassistische Tendenzen, Opladen 2001, S. 154

77 Vgl. Helmut Willems, Fremdenfeindliche Gewalt. Einstellungen – Täter – Konflikteskalation, Opladen 1993, S. 200ff.

78 Vgl. Hans-Gerd Jaschke/Birgit Rätsch/Yuri Winterberg, Nach Hitler. Radikale Rechte rüsten auf, 2. Aufl. München 2001, S. 20

79 Vgl. Hajo Funke, Brandstifter. Deutschland zwischen Demokratie und völkischem Nationalismus, Göttingen 1993, S. 121

80 Vgl. ebd., S. 103ff.

81 Vgl. auch Hajo Funke, Zusammenhänge zwischen rechter Gewalt, Einstellungen in der Bevölkerung sowie der Verantwortung von Politik und Öffentlichkeit, in: Christoph Butterwegge/Georg Lohmann (Hrsg.), Jugend, Rechtsextremismus und Gewalt. Analysen und Argumente, 2. Aufl. Opladen 2001, S. 62ff.

82 Vgl. auch die ausführliche Prozessberichterstattung von Ingrid Müller-Münch, Biedermänner und Brandstifter. Fremdenfeindlichkeit vor Gericht, Bonn 1998, S. 87ff.

83 Vgl. Hans-Gerd Jaschke/Birgit Rätsch/Yuri Winterberg, Nach Hitler, a.a.O., S. 97f.

Anmerkungen zu Kapitel 3

1 Hans-Gerd Jaschke/Birgit Rätsch/Yuri Winterberg, Nach Hitler. Radikale Rechte rüsten auf, 2. Aufl. München 2001, S. 128

2 Patrice G. Poutrus/Jan C. Behrends/Dennis Kuck, Fremd-Sein in der staatssozialistischen Diktatur. Zu historischen Ursachen von Fremdenfeindlichkeit und rassistischer Gewalt in den Neuen Bundesländern, in: Susan Arndt (Hrsg.), AfrikaBilder. Studien zu Rassismus in Deutschland, Münster 2001, S. 185

3 Siehe Werner Seifert, Rechtsextremismus und Gewaltbereitschaft von Jugendlichen als zwangsläufige Folge des deutschen Einigungsprozesses, in: Dietrich Schlegel (Hrsg.), Der neue Nationalismus. Ursachen, Chancen, Gefahren, Schwalbach im Taunus 1994, S. 230

4 Walter Friedrich, Ist der Rechtsextremismus im Osten ein Produkt der autoritären DDR?, in: Aus Politik und Zeitgeschichte. Beilage zur Wochenzeitung *Das Parlament* 46/2001, S. 23

5 Richard Stöss, Rechtsextremismus in einer geteilten politischen Kultur, in: Oskar Niedermayer/Klaus von Beyme (Hrsg.), Politische Kultur in Ost- und Westdeutschland, Berlin 1994, S. 118

6 Hans W. Giessen, Der Mythos vom Strohfeuer. Poptexte belegen eine fast 15jährige Tradition des neuen Rechtsextremismus, in: Hans-Günther Heiland/Christian Lüdemann (Hrsg.), Soziologische Dimensionen des Rechtsextremismus, Opladen 1996, S. 115

7 Harry Waibel, Rechtsextremismus in der DDR bis 1989, Köln 1996, S. 196

8 Vgl. Ralf Rytlewski, Soziale Kultur als politische Kultur: die DDR, in: Dirk Berg-Schlosser/Jakob Schissler (Hrsg.), Politische Kultur in Deutschland. Bilanz und Perspektiven der Forschung, Opladen 1987, S. 240

9 Thomas Rausch, Zwischen Selbstverwirklichungsstreben und Rassismus. Soziale Deutungsmuster ostdeutscher Jugendlicher, Opladen 1999, S. 249

10 Vgl. Heinz Engelstädter/Otto Seiffert, Die schleichende Gefahr. Europa, die Deutschen, Nationalismus und Neofaschismus, Berlin (DDR) 1990, S. 9

11 Vgl. Hermann Langer, Rechtsextremistische Tendenzen – versäumte Lektionen der Vergangenheit?, in: Bernhard Claußen/Birgit Wellie (Hrsg.), Bewältigungen. Politik und Politische Bildung im vereinigten Deutschland, Hamburg 1996, S. 353 f.

[12] Hans-Joachim Maaz, Der Gefühlsstau. Ein Psychogramm der DDR, Berlin 1990, S. 25

[13] Vgl. Christian Pfeiffer, Anleitung zum Haß, in: Der Spiegel v. 22.3.1999, S. 60ff.

[14] Peter Förster u.a., Jugend Ost. Zwischen Hoffnung und Gewalt, Opladen 1993, S. 28

[15] Detlef Oesterreich, Autoritäre Persönlichkeit und Gesellschaftsordnung. Der Stellenwert psychischer Faktoren für politische Einstellungen – eine empirische Untersuchung von Jugendlichen in Ost und West, Weinheim/München 1993, S. 229

[16] Vgl. Walter Friedrich, Ist der Rechtsextremismus im Osten ein Produkt der autoritären DDR?, in: Aus Politik und Zeitgeschichte 46/2001, S. 21

[17] Vgl. dazu: Thomas Meyer/Pavel Uttitz, Nachholende Marginalisierung – oder der Wandel der agrarischen Sozialstruktur in der ehemaligen DDR, in: Rainer Geißler (Hrsg.), Sozialer Umbruch in Ostdeutschland, Opladen 1993, S. 221ff.

[18] Vgl. Hajo Funke „Jetzt sind wir dran". Nationalismus im geeinten Deutschland, Berlin 1991, S. 143ff.

[19] Vgl. Detlef Pollack, Alles wandelt sich, nur der Ossi bleibt stets der gleiche?, Ein Widerspruch zu den gängigen Deutungsmustern der mentalen Spaltung zwischen Ostdeutschen und Westdeutschen, in: Frankfurter Rundschau v. 29.6.1996

[20] Kurt Pätzold, Von Nachttöpfen und anderen Theorien. Über Ursachen des Rechtsextremismus und Ausgangspunkte seiner Bekämpfung in Ostdeutschland und anderswo, in: Ulrich Schneider (Hrsg.), Tut was!, Strategien gegen Rechts, Köln 2001, S. 42

[21] Siehe Richard Stöss, Rechtsextremismus im vereinten Deutschland, hrsg. von der Friedrich-Ebert-Stiftung, Abt. Dialog Ostdeutschland, 3. Aufl. Berlin 2000, S. 150

[22] Bernd Wagner, Rechtsextreme Milieus im Osten, in: Jens Mecklenburg (Hrsg.), Braune Gefahr. DVU, NPD, REP – Geschichte und Zukunft, Berlin 1999, S. 239f.

[23] Norbert Madloch, Rechtsextremismus in Deutschland nach dem Ende des Hitlerfaschismus, in: Klaus Kinner/Rolf Richter (Hrsg.), Rechtsextremismus und Antifaschismus. Historische und aktuelle Dimensionen, Berlin 2000, S. 186

[24] Vgl. Burkhard Schröder, Im Griff der rechten Szene. Ostdeutsche Städte in Angst, Reinbek bei Hamburg 1997, S. 240

[25] Norbert Madloch, Rechtsextremismus in Deutschland nach dem Ende des Hitlerfaschismus, a.a.O., S. 155

[26] Vgl. Dietmar Sturzbecher/Detlef Landua, Rechtsextremismus und Ausländerfeindlichkeit unter ostdeutschen Jugendlichen, in: Aus Politik und Zeitgeschichte 46/2001, S. 7f.

[27] Tobias Krettenauer, „Jenseits von Gut und Böse?" – Probleme der moralischen Sozialisation gewalttätiger Jugendlicher. Überlegungen und qualitative Befunde zu einem vernachlässigten Thema, in: Dietmar Sturzbecher (Hrsg.), Jugend und Gewalt in Ostdeutschland. Lebenserfahrungen in Schule, Freizeit und Familie, Göttingen 1997, S. 245

[208] Vgl. Thomas Mentzel, Rechtsextremistische Gewalttaten von Jugendlichen und Heranwachsenden in den neuen Bundesländern. Eine empirische Untersuchung von Erscheinungsformen und Ursachen am Beispiel des Bundeslandes Sachsen-Anhalt, München 1998, S. 142 und 307ff.

[29] Benno Hafeneger/Mechtild M. Jansen, Rechte Cliquen. Alltag einer neuen Jugendkultur, Weinheim/München 2001, S. 225. Zur Rolle rechter Musik in diesem Zusammenhang vgl. Searchlight u.a. (Hrsg.), White Noise. Rechts-Rock, Skinhead-Musik, Blood & Honour – Einblicke in die internationale Neonazi-Musik-Szene, 3. Aufl. Hamburg/Münster 2001

[30] Frank Neubacher, Jugend und Rechtsextremismus in Ostdeutschland vor und nach der Wende, Bonn 1994, S. 186

Anmerkungen zu Kapitel 4

1 Vgl. K. Peter Fritzsche, Gewalt zwischen Frust und Lust. Erklärungsansätze der Sozialwissenschaften und Chancen für die politische Bildung, in: Christoph Butterwegge/Georg Lohmann (Hrsg.), Jugend, Rechtsextremismus und Gewalt. Analysen und Argumente, 2. Aufl. Opladen 2001, S. 39ff.

2 Hans-Helmuth Knütter, Ideologien des Rechtsradikalismus im Nachkriegsdeutschland. Eine Studie über die Nachwirkungen des Nationalsozialismus, Bonn 1961, S. 208

3 Erwin K. Scheuch, Theorie des Rechtsradikalismus in westlichen Industriegesellschaften, in: Hamburger Jahrbuch für Wirtschafts- und Gesellschaftspolitik 12 (1967), S. 12f.

4 Claus Leggewie, Die Zwerge am rechten Rand. Zu den Chancen kleiner neuer Rechtsparteien in der Bundesrepublik Deutschland, in: Politische Vierteljahresschrift 4/1987, S. 363

5 Wolfgang Benz, Die Opfer und die Täter. Rechtsextremismus in der Bundesrepublik, in: ders. (Hrsg.), Rechtsextremismus in der Bundesrepublik. Voraussetzungen, Zusammenhänge, Wirkungen, Frankfurt am Main 1989, S. 23

6 Ulrich Oevermann, Zur soziologischen Erklärung und öffentlichen Interpretation von Phänomenen der Gewalt und des Rechtsextremismus bei Jugendlichen. Zugleich eine Analyse des kulturnationalen Syndroms, in: Hans-Dieter König (Hrsg.), Sozialpsychologie des Rechtsextremismus, Frankfurt am Main 1998, S. 96

7 Uwe Backes/Eckhard Jesse, Politischer Extremismus in der Bundesrepublik Deutschland, Berlin/Frankfurt am Main 1993, S. 40

8 Richard Stöss, Die extreme Rechte in der Bundesrepublik. Entwicklung – Ursachen – Gegenmaßnahmen, Opladen 1989, S. 18

9 Eckhard Jesse, Der Totalitarismus-Ansatz nach dem Zusammenbruch des real-existierenden Sozialismus, in: Die Neue Gesellschaft/Frankfurter Hefte 11/1991, S. 984

10 Vgl. Wilhelm Heitmeyer, Das Desintegrations-Theorem. Ein Erklärungsansatz zu fremdenfeindlich motivierter, rechtsextremistischer Gewalt und zur Lähmung gesellschaftlicher Institutionen, in: ders. (Hrsg.), Das Gewalt-Dilemma. Gesellschaftliche Reaktionen auf fremdenfeindliche Gewalt und Rechtsextremismus, Frankfurt am Main 1994, S. 46

[11] Wilfried Breyvogel, Die neue Gewalt Jugendlicher gegen Fremde 1990–1993. Zur Kritik der Arbeiten des „Bielefelder Erklärungsansatzes", in: Sozialwissenschaftliche Literatur Rundschau 29 (1994), S. 24

[12] Vgl. Birgit Rommelspacher, Rechtsextremismus und Dominanzkultur, in: Andreas Foitzik u. a. (Hrsg.), „Ein Herrenvolk von Untertanen". Rassismus – Nationalismus – Sexismus, Duisburg 1992, S. 85

[13] Siehe Rudolf Leiprecht, Das Modell „unmittelbare und/oder direkte Konkurrenz": Erklärung von Rechtsextremismus oder Rechtfertigungsangebot?, in: Institut für Sozialpädagogische Forschung Mainz (Hrsg.), Rassismus – Fremdenfeindlichkeit – Rechtsextremismus: Beiträge zu einem gesellschaftlichen Diskurs, Bielefeld 1993, S. 69

[14] Roland Eckert, Gesellschaft und Gewalt – ein Aufriß, in: Soziale Welt 3/1993, S. 358

[15] Helmut Willems, Fremdenfeindliche Gewalt. Einstellungen – Täter – Konflikteskalation, Opladen 1993, S. 250

[16] Siehe Bodo Morshäuser, Rechtsradikale Jugendliche: „Eine antiautoritäre Rebellion", in: Psychologie heute 12/1993, S. 41

[17] Karl Heinz Roth, Rassismus von oben – Rassismus von unten, in: 1999. Zeitschrift für Sozialgeschichte des 20. und 21. Jahrhunderts 2/1993, S. 7

[18] Uwe Markus, „Immer cool bleiben …", Jugendgewalt in Ostdeutschland, in: Werner Bergmann/Rainer Erb (Hrsg.), Neonazismus und rechte Subkultur, Berlin 1994, S. 158f.

[19] Hans-Gerd Jaschke, Rechtsradikalismus als soziale Bewegung. Was heißt das?, in: Vorgänge 122 (1993), S. 105

[20] Siehe Werner Bergmann, Ein Versuch, die extreme Rechte als soziale Bewegung zu beschreiben, in: ders./Rainer Erb (Hrsg.), Neonazismus und rechte Subkultur, a.a.O., S. 186/184

[21] Vgl. Uwe Backes, Organisierter Rechtsextremismus im westlichen Europa. Eine vergleichende Betrachtung, in: Werner Billing u. a. (Hrsg.), Rechtsextremismus in der Bundesrepublik Deutschland, Baden-Baden 1993, S. 61

[22] Norbert F. Schneider, Was kann unter einer „sozialen Bewegung" verstanden werden?, Entwurf eines analytischen Konzepts, in: Ulrike C. Wasmuht (Hrsg.), Alternativen zur alten Politik?, Neue soziale Bewegungen in der Diskussion, Darmstadt 1989, S. 198

[23] Vgl. Dieter Bott, Jugend und Gewalt, in: Deutsche Jugend 2/1993, S. 87

[24] Vgl. Werner Bergmann/Rainer Erb, Kaderparteien, Bewegung, Szene,

kollektive Episode oder was?, Probleme der soziologischen Kategorisierung des modernen Rechtsextremismus, in: Forschungsjournal Neue Soziale Bewegungen 4/1994, S. 26

25 Armin Pfahl-Traughber, Noch einmal: Rechtsextremismus als (neue) soziale Bewegung?, Versuch einer Einschätzung vor dem Hintergrund der Situation Ende der 90er Jahre, in: Frieder Dünkel/Bernd Geng (Hrsg.), Rechtsextremismus und Fremdenfeindlichkeit. Bestandsaufnahme und Interventionsstrategien, Mönchengladbach 1999, S. 103

26 Ute Osterkamp, Antirassismus: weitere Fallstricke und Problematisierungen, in: Das Argument 195 (1992), S. 737

27 Vgl. Gerhard Amendt, Du oder Sie. 1945 – 1968 – 1995, Bremen 1995, S. 70

28 Helmut Kohl, Erklärung der Bundesregierung zu Extremismus und zunehmender Gewaltbereitschaft in Deutschland, in: Presse- und Informationsamt der Bundesregierung (Hrsg.), Bulletin 136/1992, S. 1242f.

29 Beate Scheffler, „Trau keiner/m unter 30". Brauchen wir eine neue Revolte?, in: Die GRÜNEN im Landtag Nordrhein-Westfalen (Hrsg.), Halbzeit. Zweieinhalb Jahre GRÜNE im Landtag NRW, Düsseldorf 1992, S. 48

30 Vgl. Karl-Otto Richter/Bernhard Schmidtbauer, Zur Akzeptanz von Asylbewerbern in Rostock-Stadt. Empirische Ergebnisse aus dem Frühjahr 1992, in: Aus Politik und Zeitgeschichte 2–3/1993, S. 44

31 Vgl. Matthias Wellmer, Ausländerfeindlichkeit und Gewalt ist nicht Protest, sondern Tradition!, in: Neue Praxis 3/1994, S. 283

32 Arno Klönne, Rechtsextremismus in der „zivilen" Gesellschaft. Kein „Spuk von gestern", Münster 2000, S. 12

Anmerkungen zu Kapitel 5

[1] Vgl. hierzu: Regina Stötzel (Hrsg.), Ungleichheit als Projekt. Globalisierung – Standort – Neoliberalismus, Marburg 1998 (Forum Wissenschaft Studien 43); Christoph Butterwegge/Martin Kutscha/Sabine Berghahn (Hrsg.), Herrschaft des Marktes – Abschied vom Staat?, Folgen neoliberaler Modernisierung für Gesellschaft, Recht und Politik, Baden-Baden 1999

[2] Hans-Peter Martin/Harald Schumann, Die Globalisierungsfalle. Der Angriff auf Demokratie und Wohlstand, 7. Aufl. Reinbek bei Hamburg 1996, S. 72

[3] Siehe Jens Borchert, Einleitung: Von Malaysia lernen?, Zum Verfall der politischen Logik im Standortwettbewerb, in: ders./Stephan Lessenich/Peter Lösche (Red.), Jahrbuch für Europa- und Nordamerika-Studien 1: Standortrisiko Wohlfahrtsstaat?, Opladen 1997, S. 22

[4] Vgl. hierzu: Christoph Butterwegge/Rudolf Hickel/Ralf Ptak, Sozialstaat und neoliberale Hegemonie. Standortnationalismus als Gefahr für die Demokratie, Berlin 1998

[5] Siehe Bernd Röttger, Rückkehr zum sozialen Kapitalismus?, Die herrschaftliche Inszenierung klassenförmiger Ungleichheit im Neoliberalismus, in: Widersprüche 66 (1997), S. 16

[6] Empirische Belege dafür finden sich bei Claus Schäfer, Von massiven Verteilungsproblemen zu echten Wettbewerbsnachteilen?, Daten, Fakten und Argumente zur Entmythologisierung der „Standort"-Debatte, in: Christoph Butterwegge/Martin Kutscha/Sabine Berghahn (Hrsg.), Herrschaft des Marktes – Abschied vom Staat?, a.a.O., S. 63 ff.

[7] Vgl. dazu vor allem: Kurt Sontheimer, Deutschlands Politische Kultur, 2. Aufl. München/Zürich 1991; Wolfgang Bergem, Tradition und Transformation. Eine vergleichende Untersuchung zur politischen Kultur in Deutschland, Mit einem Vorwort von Kurt Sontheimer, Opladen 1993; Martin Greiffenhagen/Sylvia Greiffenhagen, Ein schwieriges Vaterland. Zur politischen Kultur im vereinigten Deutschland, München/Leipzig 1993

[8] Micha Brumlik, Das Öffnen der Schleusen. Bitburg und die Rehabilitation des Nationalismus in der Bundesrepublik, in: Georg M. Hafner/Edmund Jacoby (Hrsg.), Die Skandale der Republik, Frankfurt am Main 1989, S. 264

[9] Günter Grass, Rede vom Verlust. Über den Niedergang der politischen Kultur im geeinten Deutschland, Göttingen 1992, S. 22

[10] Andreas Klärner, Aufstand der Ressentiments. Einwanderungsdiskurs, völkischer Nationalismus und die Kampagne der CDU/CSU gegen die doppelte Staatsbürgerschaft, Köln 2000, S. 94

[11] Gudrun Hentges/Carolin Reißlandt, Blut oder Boden – Ethnos oder Demos?, Staatsangehörigkeit und Zuwanderung in Frankreich und Deutschland, in: Dietrich Heither/Gerd Wiegel (Hrsg.), Die Stolzdeutschen. Von Mordspatrioten, Herrenreitern und ihrer Leitkultur, Köln 2001, S. 183

[12] Gudrun Hentges, Die Büchse der Pandora. Deutsche Leitkultur und nationale Interessen, in: Ulrich Schneider (Hrsg.), Tut was!, Strategien gegen Rechts, Köln 2001, S. 65

[13] Vgl. hierzu: Christoph Butterwegge u. a., Themen der Rechten – Themen der Mitte. Diskurse um deutsche Identität, Leitkultur und Nationalstolz, Opladen 2002

[14] Frank-Olaf Radtke, Fremde und Allzufremde. Der Prozeß der Ethnisierung gesellschaftlicher Konflikte, in: Forschungsinstitut der Friedrich-Ebert-Stiftung, Abt. Arbeits- und Sozialforschung (Hrsg.), Ethnisierung gesellschaftlicher Konflikte. Eine Tagung der Friedrich-Ebert-Stiftung am 11. Oktober 1995 in Erfurt, Bonn 1996, S. 14

[15] Vgl. Wolf-Dietrich Bukow, Feindbild: Minderheit. Zur Funktion von Ethnisierung, Opladen 1996

[16] Vgl. Reinhard Kühnl, Nicht Phänomene beschreiben, Ursachen analysieren. Zum Problem der extremen Rechten in der Bundesrepublik Deutschland, in: Ulrich Schneider (Hrsg.), Tut was!, a.a.O., S. 32f.

[17] Arno Klönne, Schwierigkeiten politischer Jugendbildung beim Umgang mit dem Thema „Rechtsextremismus“, in: Christoph Butterwegge/Georg Lohmann (Hrsg.), Jugend, Rechtsextremismus und Gewalt. Analysen und Argumente, 2. Aufl. Opladen 2001, S. 266

[18] Vgl. Franz Josef Krafeld, Zur Praxis der pädagogischen Arbeit mit rechtsorientierten Jugendlichen, in: Wilfried Schubart/Richard Stöss (Hrsg.), Rechtsextremismus in der Bundesrepublik Deutschland. Eine Bilanz, Opladen 2001, S. 287

[19] Vgl. z. B.: Brigitte Bailer-Galanda/Wolfgang Neugebauer, Haider und die Freiheitlichen in Österreich, 2. Aufl. Berlin 1997; Christa Zöchling, Haider. Licht und Schatten einer Karriere, 2. Aufl. Wien 1999; Hans-Henning Scharsach (Hrsg.), Haider. Österreich und die rechte Versuchung, Rein-

bek bei Hamburg 2000; ders./Kurt Kuch, Haider. Schatten über Europa, Köln 2000

20 Siehe Wilhelm Heitmeyer, Autoritärer Kapitalismus, Demokratieentleerung und Rechtspopulismus. Eine Analyse von Entwicklungstendenzen, in: Dietmar Loch/Wilhelm Heitmeyer (Hrsg.), Schattenseiten der Globalisierung. Rechtsradikalismus, Rechtspopulismus und separatistischer Regionalismus in westlichen Demokratien, Frankfurt am Main 2001, S. 500

21 Die Quadratur des Kreises. Ökonomie, sozialer Zusammenhalt und Demokratie im Zeitalter der Globalisierung. Ein Gespräch mit Ralf Dahrendorf, in: Blätter für deutsche und internationale Politik 9/1996, S. 1060

22 Ebd., S. 1065

23 Ralf Dahrendorf, Anmerkungen zur Globalisierung, in: Ulrich Beck (Hrsg.), Perspektiven der Weltgesellschaft, Frankfurt am Main 1998, S. 52

Anmerkungen zu Kapitel 6

1 Jens Mecklenburg, Bestandsaufnahme und Perspektiven des Rechtsextremismus, in: ders. (Hrsg.), Was tun gegen Rechts, Berlin 1999, S. 21

2 Albert Scherr, Pädagogische Interventionen. Gegen Fremdenfeindlichkeit und Rechtsextremismus. Eine Handreichung für die politische Bildungsarbeit in Schulen und in der außerschulischen Jugendarbeit, Schwalbach im Taunus 2001, S. 20

3 Folkard Bremer, Am Anfang stand Hoyerswerda. „Ausländer raus!" – Eine rechte Torvorlage und ein Bericht zur Lage der Nation, Stuttgart/Dresden 2001, S. 8

4 Jörg Fischer, Das NPD-Verbot, Berlin 2001, S. 106f.

5 Burkhard Schröder, Nazis sind Pop, 2. Aufl. Berlin 2001, S. 21

6 Vgl. Franz Josef Krafeld, Die Praxis Akzeptierender Jugendarbeit. Konzepte – Erfahrungen – Analysen aus der Arbeit mit rechten Jugendcliquen, Opladen 1996, S. 24f.

7 Siehe ebd., S. 18

8 Franz Josef Krafeld, Zur Praxis der pädagogischen Arbeit mit rechtsorientierten Jugendlichen, in: Wilfried Schubarth/Richard Stöss (Hrsg.), Rechtsextremismus in der Bundesrepublik Deutschland. Eine Bilanz, Opladen 2001, S. 289

9 Vgl. Andreas Kuhlmann, Verstehen darf nicht zu Einverständnis werden!, Zur Kritik an der akzeptierenden Jugendarbeit, in: Christoph Butterwegge/Georg Lohmann (Hrsg.), Jugend, Rechtsextremismus und Gewalt. Analysen und Argumente, 2. Aufl. Opladen 2001, S. 217ff.

10 Thomas Mücke/Judy Korn, Miteinander statt Gegeneinander. Neue Wege in der Jugendarbeit – Dialogversuch mit rechtsextrem orientierten Jugendlichen, in: Hubertus Heil u.a. (Hrsg.), Jugend und Gewalt. Über den Umgang mit gewaltbereiten Jugendlichen, Marburg 1993, S. 111

11 Vgl. Monika Czernin, Arbeit mit rechten Jugendlichen, in: Die Neue Gesellschaft/Frankfurter Hefte 4/1993, S. 340

12 Vgl. z.B. Roland Tichy, Ausländer rein!, Deutsche und Ausländer – verschiedene Herkunft, gemeinsame Zukunft, 3. Aufl. München/Zürich 1993; Harald Schumacher, Einwanderungsland BRD, 3. Aufl. Düsseldorf 1995

13 Siehe Günther Rüther, Politische Bildung und politische Kultur im ver-

einigten Deutschland, in: Aus Politik und Zeitgeschichte. Beilage zur Wochenzeitung *Das Parlament* 34/1993, S. 11

14 Arno Klönne, Schwierigkeiten politischer Jugendbildung beim Umgang mit dem Thema „Rechtsextremismus", in: Christoph Butterwegge/Georg Lohmann (Hrsg.), Jugend, Rechtsextremismus und Gewalt, a.a.O., S. 262

15 Wolfgang Brezinka, Gewalt, Staat und Erziehung, in: Pädagogische Rundschau 1/1995, S. 10f.

16 Erich Pommerenke, Neuer Rechtsradikalismus. Herausforderung für die Politische Bildung, in: Georg E. Becker/Ursula Coburn-Staege (Hrsg.), Pädagogik gegen Fremdenfeindlichkeit, Rassismus und Gewalt. Mut und Engagement in der Schule, Weinheim/Basel 1994, S. 101

17 Vgl. Wilhelm Heitmeyer, Überlegungen zu Pädagogik und Fremdenfeindlichkeit: Je höher die Moralisierung, desto niedriger die Kommunikationschancen, in: Wilfried Schubarth/Wolfgang Melzer (Hrsg.), Schule, Gewalt und Rechtsextremismus, 2. Aufl. Opladen 1995, S. 194

18 Vgl. Susanne Lang/Rudolf Leiprecht, Sinnvolles und Problematisches in der antirassistischen Bildungsarbeit – eine kritische Betrachtung des Blue Eyed/Brown Eyed-Trainings (Jane Elliott), in: Neue Praxis 5/2000, S. 449ff.

19 Vgl. Klaus-Peter Hufer, Argumentationstraining gegen Stammtischparolen. Materialien und Anleitungen für Bildungsarbeit und Selbstlernen, Schwalbach im Taunus 2000

20 Vgl. Hendrik Otten, Multikulturelle Gesellschaft – oder: „Wer hat Angst vorm Schwarzen Mann?", Anregungen für die politische Bildung, in: Bundeszentrale für politische Bildung (Hrsg.), Umbrüche in der Industriegesellschaft. Herausforderungen für die politische Bildung, Bonn 1990 (Schriftenreihe, Bd. 284), S. 290

21 Vgl. Frank-Olaf Radtke, Multikulturalismus. Ein postmoderner Nachfahre des Nationalismus?, in: Vorgänge 117 (1992), S. 205

22 Albert Scherr, Die Konstruktion von Fremdheit in sozialen Prozessen. Überlegungen zur Kritik und Weiterentwicklung interkultureller Pädagogik, in: Neue Praxis 1/1998, S. 56

23 Nihat Öztürk, Der Umgang mit Rassismus und Fremdenfeindlichkeit. Zwischen Bagatellisierung und hilflosem Aktionismus, in: Peter Kühne u.a. (Hrsg.), Gewerkschaften und Einwanderung. Eine kritische Zwischenbilanz, Mit einem Vorwort von Jochen Richert, Köln 1994, S. 116

24 Athanasios Marvakis, Ist der internationale Jugendaustausch eine Stra-

tegie gegen Rassismus und Nationalismus?, in: Rudolf Leiprecht (Hrsg.), In Grenzen verstrickt. Jugendliche und Rassismus in Europa. Ergebnisse vergleichender Jugendforschung, Duisburg 1995, S. 316f.

[25] Alexander Thomas, Können interkulturelle Begegnungen Vorurteile verstärken?, in: ders. (Hrsg.), Psychologie und multikulturelle Gesellschaft. Problemanalysen und Problemlösungen. Ergebnisse des 14. Workshop-Kongresses der Sektion Politische Psychologie im Berufsverband Deutscher Psychologen (BDP) in Regensburg, Göttingen/Stuttgart 1994, S. 233

[26] Vgl. Georg Auernheimer, Für eine interkulturell orientierte Schule, in: Christoph Butterwegge/Georg Lohmann (Hrsg.), Jugend, Rechtsextremismus und Gewalt, a.a.O., S. 163ff.

[27] Vgl. Klaus Peter Fritzsche, Multiperspektivität: eine Schlüsselkompetenz beim Umgang mit dem Fremden, in: Yves Bizeul u. a. (Hrsg.), Vom Umgang mit dem Fremden. Hintergrund – Definitionen – Vorschläge, Weinheim/Basel 1997, S. 191f.

[28] Albert Scherr, Bildung zum Subjekt. Ideen für eine zeitgemäße emanzipatorische Jugendarbeit, in: Deutsche Jugend 5/1995, S. 216

[29] Ebd., S. 218

[30] Siehe Klaus Holzkamp, Antirassistische Erziehung als Änderung rassistischer „Einstellungen"?, Funktionskritik und subjektwissenschaftliche Alternative, in: Siegfried Jäger (Hrsg.), Aus der Werkstatt: Antirassistische Praxen. Konzepte – Erfahrungen – Forschung, Duisburg 1994, S. 27

[31] Klaus Ahlheim, Rechtsradikalismus und die Grenzen politischer Bildung, a.a.O., S. 113

[32] Wolfgang Gessenharter, Kippt die Republik?, Die Neue Rechte und ihre Unterstützung durch Politik und Medien, München 1994, S. 182

[33] Klaus-Peter Hufer, Rechtsextremismus – Herausforderung für die politische Bildung, a.a.O., S. 185

[34] Vgl. Wolfgang Melzer, Jugend und Politik in Deutschland. Gesellschaftliche Einstellungen, Zukunftsorientierungen und Rechtsextremismus-Potential Jugendlicher in Ost- und Westdeutschland, Opladen 1992, S. 91f.

[35] Günther Gugel/Uli Jäger, Globales Lernen. Eine Perspektive zur friedenspädagogischen Bildungsarbeit, in: Wolfgang R. Vogt/Eckhard Jung (Hrsg.), Kultur des Friedens. Wege zu einer Welt ohne Krieg, Darmstadt 1997, S. 171

[36] Vgl. dazu: Hans-Werner Horn, No time for losers. Rechte Orientierun-

gen gewerkschaftlich organisierter Jugendlicher, in: Gewerkschaftliche Monatshefte 8/1995, S. 496

[37] Vgl. hierzu: Christoph Butterwegge, Wohlfahrtsstaat im Wandel. Probleme und Perspektiven der Sozialpolitik, 3. Aufl. Opladen 2001

[38] Vgl. z. B. Werner Weidenfeld (Hrsg.), Die Identität der Deutschen, Bonn 1983 (Schriftenreihe der Bundeszentrale für politische Bildung, Bd. 200); Bundeszentrale für politische Bildung (Hrsg.), Die Frage nach der deutschen Identität. Ergebnisse einer Fachtagung der Bundeszentrale für politische Bildung, Bonn 1985 (Schriftenreihe, Bd. 221)

[39] Götz Eisenberg, Deutschland als Prothese. Wozu nationale Identität?, in: Die Neue Gesellschaft/Frankfurter Hefte 8/1996, S. 741

[40] Siehe Arno Klönne, Die Rückkehr der sozialen Frage. Die Konfliktorientierung wird in der sozialen und politischen Bildung wieder aktuell, in: Arbeit und Leben DGB/VHS, Landesarbeitsgemeinschaft NW (Hrsg.), Die Rückkehr der sozialen Frage. Zur Aktualität politischer Bildung, Schwalbach im Taunus 1998, S. 61 ff.

[41] Hajo Funke, Unsere Gleichgültigkeit ist ihr Triumph. Für eine Renaissance der liberalen und sozialen politischen Kultur, in: Jens Mecklenburg (Hrsg.), Braune Gefahr. DVU, NPD, REP. Geschichte und Zukunft, Berlin 1999, S. 285

[42] Stefan Böckler, Wiedervereinigte Jugend. Die Aufgaben politischer Bildung in Deutschland, in: Karin Böllert/Hans-Uwe Otto (Hrsg.), Soziale Arbeit in einer neuen Republik. Anpassung oder Fortschritt, Bielefeld 1993, S. 128

[43] Benno Hafeneger, Rechtsextremismus: Herausforderung für Pädagogik, Jugendarbeit und Schule, in: Christoph Butterwegge/Horst Isola (Hrsg.), Rechtsextremismus im vereinten Deutschland. Randerscheinung oder Gefahr für die Demokratie? Mit einem Vorwort von Eckart Spoo, 3. Aufl. Bremen/Berlin 1991, S. 156

[44] Vgl. ergänzend: Christoph Butterwegge/Gudrun Hentges (Hrsg.), Politische Bildung und Globalisierung, Opladen 2002

Literaturauswahl

Grundlegende, Einführungs- und Überblicksliteratur

Butterwegge, Christoph: Rechtsextremismus, Rassismus und Gewalt. Erklärungsmodelle in der Diskussion, Darmstadt 1996

Falter, Jürgen W./Jaschke, Hans-Gerd/Winkler, Jürgen R. (Hrsg.): Rechtsextremismus. Ergebnisse und Perspektiven der Forschung, Opladen 1996

Jaschke, Hans-Gerd: Rechtsextremismus und Fremdenfeindlichkeit. Begriffe – Positionen – Praxisfelder, 2. Aufl. Wiesbaden 2001

Pfahl-Traughber, Armin: Rechtsextremismus in der Bundesrepublik, 3. Aufl. München 2001

Schubarth, Wilfried/Stöss, Richard (Hrsg.): Rechtsextremismus in der Bundesrepublik Deutschland. Eine Bilanz, Opladen 2001

Der organisierte Rechtsextremismus (Parteien, Programmatik und Parlamentsarbeit)

Butterwegge, Christoph/Griese, Birgit/Krüger, Coerw/Meier, Lüder/Niermann, Gunther: Rechtsextremisten in Parlamenten. Forschungsstand – Fallstudien – Gegenstrategien, Opladen 1997

Elsässer, Jürgen: Braunbuch DVU. Eine deutsche Arbeiterpartei und ihre Freunde, Mit einem Vorwort von Jürgen Trittin, Hamburg 1998

Hoffmann, Uwe: Die NPD. Entwicklung, Ideologie und Struktur, Frankfurt am Main 1999

Jaschke, Hans-Gerd/Rätsch, Birgit/Winterberg, Yury: Nach Hitler. Radikale Rechte rüsten auf, 2. Aufl. München 2001

Mecklenburg, Jens (Hrsg.): Braune Gefahr. DVU, NPD, REP – Geschichte und Zukunft, Berlin 1999

Neubacher, Bernd: NPD, DVU – Liste D, Die Republikaner. Ein Vergleich ihrer Ziele, Organisationen und Wirkungsfelder, Köln 1996

Obszerniks, Britta/Schmidt, Matthias: DVU im Auswärtstrend – Gefahr für die Demokratie?, Fakten, Analysen, Gegenstrategien, Münster 1998

Die sog. Neue Rechte (Netzwerke, Ideologie und Strategie)

Brauner-Orthen, Alice: Die Neue Rechte in Deutschland. Antidemokratische und rassistische Tendenzen, Opladen 2001

Butterwegge, Christoph/Hentges, Gudrun (Hrsg.): Alte und Neue Rechte an den Hochschulen, Münster 1999

Gessenharter, Wolfgang: Kippt die Republik?, Die Neue Rechte und ihre Unterstützung durch Politik und Medien, München 1994

Gessenharter, Wolfgang/Fröchling, Helmut (Hrsg.): Rechtsextremismus und Neue Rechte in Deutschland. Neuvermessung eines politisch-ideologischen Raumes?, Opladen 1998

Pfahl-Traughber, Armin: „Konservative Revolution“ und „Neue Rechte“. Rechtsextremistische Intellektuelle gegen den demokratischen Verfassungsstaat, Opladen 1998

Schmidt, Friedemann: Die Neue Rechte und die Berliner Republik. Parallel laufende Wege im Normalisierungsdiskurs, Wiesbaden 2001

Woods, Roger: Nation ohne Selbstbewußtsein. Von der Konservativen Revolution zur Neuen Rechten, Baden-Baden 2001

Rassismus und Nationalismus als Schlüsselideologien des Rechtsextremismus

Arndt, Susan (Hrsg.): AfrikaBilder. Studien zu Rassismus in Deutschland, Münster 2001

Butterwegge, Christoph (Hrsg.): NS-Vergangenheit, Antisemitismus und Nationalismus in Deutschland. Beiträge zur politischen Kultur der Bundesrepublik und zur politischen Bildung, Mit einem Vorwort von Ignatz Bubis, Baden-Baden 1997

Butterwegge, Christoph (u. a.): Themen der Rechten – Themen der Mitte. Diskurse um deutsche Identität, Leitkultur und Nationalstolz, Opladen 2002

Fischer, Gero/Wölflingseder, Maria (Hrsg.): Biologismus, Rassismus, Nationalismus. Rechte Ideologien im Vormarsch, Wien 1995

Heither, Dietrich / Wiegel, Gerd (Hrsg.): Rassismus. Die Stolzdeutschen. Von Mordspatrioten, Herrenreitern und ihrer Leitkultur, Köln 2001

Hund, Wulf D.: Rassismus. Die soziale Konstruktion natürlicher Ungleichheit, Münster 1999

Miles, Robert: Rassismus. Einführung in die Geschichte und Theorie eines Begriffs, 3. Aufl. Hamburg/Berlin 1999

Oberndörfer, Dieter: Der Wahn des Nationalen. Die Alternative der offenen Republik, Freiburg/Basel/Wien 1993

Räthzel, Nora (Hrsg.): Theorien über Rassismus, Hamburg 2000

Medien, multikulturelle Gesellschaft und Rechtsextremismus

Brosius, Hans-Bernd/Esser, Frank: Eskalation durch Berichterstattung?, Massenmedien und fremdenfeindliche Gewalt, Opladen 1995

Butterwegge, Christoph/Hentges, Gudrun/Sarigöz, Fatma (Hrsg.): Medien und multikulturelle Gesellschaft, Opladen 1999

Fromm, Rainer/Kernbach, Barbara: Rechtsextremismus im Internet. Die neue Gefahr, München 2001

Jäger, Margret (u. a.): Von deutschen Einzeltätern und ausländischen Banden. Medien und Straftaten, Duisburg 1998

Junge, Barbara/Naumann, Julia/Stark, Holger: Rechtsschreiber. Wie ein Netzwerk in Medien und Politik an der Restauration des Nationalen arbeitet, Berlin 1997

Koch, Ralf: „Medien mögen's weiß" – Rassismus im Nachrichtengeschäft. Erfahrungen von Journalisten in Deutschland und den USA, München 1996

Pfeiffer, Thomas: Für Volk und Vaterland. Das Mediennetz der Rechten – Presse, Musik, Internet, Berlin 2002

Scheffer, Bernd (Hrsg.): Medien und Fremdenfeindlichkeit. Alltägliche Paradoxien, Dilemmata, Absurditäten und Zynismen, Opladen 1997

Jugend und (rechte) Gewalt

Butterwegge, Christoph/Lohmann, Georg (Hrsg.): Jugend, Rechtsextremismus und Gewalt. Analysen und Argumente, 2. Aufl. Opladen 2001

Hafeneger, Benno/Jansen, Mechtild M.: Rechte Cliquen. Alltag einer neuen Jugendkultur, Weinheim/München 2001

Heitmeyer, Wilhelm (u. a.): Gewalt. Schattenseiten der Individualisierung bei Jugendlichen aus unterschiedlichen sozialen Milieus, 3. Aufl. Weinheim/München 1997

Heitmeyer, Wilhelm: Rechtsextremistische Orientierungen bei Jugendlichen, 5. Aufl. Weinheim/München 1995

Menhorn, Christian: Skinheads: Portrait einer Subkultur, Baden-Baden 2001

Möller, Kurt: Rechte Kids. Eine Langzeitstudie über Auf- und Abbau rechtsextremistischer Orientierungen bei 13- bis 15jährigen, Weinheim/München 2000

Otto, Hans-Uwe/Merten, Roland (Hrsg.): Rechtsradikale Gewalt im vereinigten Deutschland. Jugend im gesellschaftlichen Umbruch, Opladen 1993

Geschlechterverhältnisse: Rechtsextremismus – bloß ein Männerproblem?

Amesberger, Helga/Halbmayr, Brigitte (Hrsg.): Rechtsextreme Parteien – eine mögliche Heimat für Frauen?, Opladen 2002

Birsl, Ursula: Rechtsextremismus: weiblich – männlich?, Eine Fallstudie, Opladen 1994

Bitzan, Renate (Hrsg.): Rechte Frauen. Skingirls, Walküren und feine Damen, Berlin 1997

Bitzan, Renate: Selbstbilder rechter Frauen. Zwischen Antisexismus und völkischem Denken, Tübingen 2000

Fantifa Marburg (Hrsg.): Kameradinnen. Frauen stricken am Braunen Netz, 2. Aufl. Münster 1996

Möller, Kurt: Coole Hauer und brave Engelein. Gewaltakzeptanz und Gewaltdistanzierung im Verlauf des frühen Jugendalters, Opladen 2001

Siller, Gertrud: Rechtsextremismus bei Frauen. Zusammenhänge zwischen geschlechtsspezifischen Erfahrungen und politischen Orientierungen, Opladen 1997

Weber, Klaus: Rechte Männer. Eine sozialpsychologische Studie zu Rassismus, Neofaschismus und Gewerkschaften, Hamburg 2001

Wlecklik, Petra (Hrsg.): Frauen und Rechtsextremismus, Göttingen 1995

Rechtsextremismus in Ost-, West- und Gesamtdeutschland (vor und nach der Wiedervereinigung)

Butterwegge, Christoph/Isola, Horst (Hrsg.): Rechtsextremismus im vereinten Deutschland. Randerscheinung oder Gefahr für die Demokratie?, Mit einem Vorwort von Eckart Spoo, 3. Aufl. Bremen/Berlin 1991

Lillig, Thomas: Rechtsextremismus in den neuen Bundesländern. Erklärungsansätze, Einstellungspotentiale und organisatorische Strukturen, Mainz 1994

Neubacher, Frank: Jugend und Rechtsextremismus in Ostdeutschland vor und nach der Wende, Bonn 1994

Schröder, Burkhard: Im Griff der rechten Szene. Ostdeutsche Städte in Angst, Reinbek bei Hamburg 1997

Stöss, Richard: Rechtsextremismus im vereinten Deutschland, hrsg. von der Friedrich-Ebert-Stiftung, Abt. Dialog Ostdeutschland, 3. Aufl. Berlin 2000

Waibel, Harry: Rechtsextremismus in der DDR bis 1989, Köln 1996

Rechtsextremismus international

Butterwegge, Christoph/Jäger, Siegfried (Hrsg.): Rassismus in Europa, Mit einem Vorwort von Bahman Nirumand, 3. Aufl. Köln 1993

Decker, Frank: Parteien unter Druck. Der neue Rechtspopulismus in den westlichen Demokratien, Opladen 2000

Grumke, Thomas: Rechtsextremismus in den USA, Opladen 2001

Kühnl, Reinhard (u.a.): Die extreme Rechte in Europa. Zur neueren Entwicklung in Deutschland, Österreich, Frankreich und Italien, Heilbronn 1998

Leggewie, Claus: America first?, Der Fall einer konservativen Revolution, Frankfurt am Main 1997

Loch, Dietmar/Heitmeyer, Wilhelm (Hrsg.): Schattenseiten der Globalisierung. Rechtsradikalismus, Rechtspopulismus und separatistischer Regionalismus in westlichen Demokratien, Frankfurt am Main 2001

Minkenberg, Michael: Die neue radikale Rechte im Vergleich. USA, Frankreich, Deutschland, Opladen/Wiesbaden 1998

Scharsach, Hans-Henning/Kuch, Kurt: Haider. Schatten über Europa, Köln 2000

Was man gegen Rechtsextremismus, Rassismus und Gewalt tun kann

Ahlheim, Klaus: Pädagogik mit beschränkter Haftung. Politische Bildung gegen Rechtsextremismus, Schwalbach im Taunus 2001

Büttner, Manfred (Hrsg.): Braune Saat in jungen Köpfen. Grundwissen und Konzepte für Unterricht und Erziehung gegen Neonazismus und Rechtsgewalt, 2 Bde., Baltmannsweiler 1999

Fischer, Jörg: Das NPD-Verbot, Berlin 2001

Mecklenburg, Jens (Hrsg.): Was tun gegen Rechts, Berlin 1999

Scherr, Albert: Pädagogische Interventionen. Gegen Fremdenfeindlichkeit und Rechtsextremismus, Bad Schwalbach im Taunus 2001

Schneider, Ulrich (Hrsg.): Tut was!, Strategien gegen Rechts, Köln 2001

Schubarth, Wilfried: Gewaltprävention in Schule und Jugendhilfe. Theoretische Grundlagen – empirische Ergebnisse – Praxismodelle, Neuwied/Kriftel 2000

Volf, Patrik/Bauböck, Rainer: Wege zur Integration. Was man gegen Diskriminierung und Fremdenfeindlichkeit zun kann, Klagenfurt 2001